Hannelore Goos

Chirongeschichten
Trauma und Charisma im Horoskop

Bibliografische Information der Deutschen Nationalbibliothek:
Die Deutsche Nationalbibliothek verzeichnet diese Publikation in der
Deutschen Nationalbibliografie; detaillierte bibliografische Daten sind
im Internet über http://dnb.d-nb.de abrufbar.

Copyright: Hannelore Goos
E-Mail: HGoos@Sonnenastro.de – Internet: http://www.Sonnenastro.de
Die Illustration des Buchumschlages wurde erstellt von GardenStone.
Die Karikaturen zu den zwölf Häusern sind Arbeiten des Künstlers
Nicolas Lehnart, Internet: http://www.lehn-art.de
Alle Rechte der Verbreitung und Übersetzung, auch durch Film, Funk
und Fernsehen, der fotomechanischen Wiedergabe auf Ton- und Daten-
trägern jeder Art und des auszugsweisen Nachdruck sind vorbehalten.

Herstellung und Verlag: Books on Demand GmbH, Norderstedt
ISBN 978-3-8423-6013-6

Inhaltsverzeichnis

Vorwort 5

Astronomische Hinweise 7

Legende 8

Chiron als Anzeiger eines Kindheitstraumas 9

Mythologische Grundlagen 9

Namensgebung in der Astronomie................................ 9

Mythologie als Erkenntnisquelle 11

Chiron in der griechischen Mythologie 13

Begründung des astrologischen Deutungsansatzes.............. 16

Die Häusersymbolik in der Astrologie 17

Häuser in der Horoskopzeichnung............................... 17

Die Deutung der Häuser 19

Astrologische Häuser und Psychologie 21

Die Materialsammlung 25

Chiron-Geschichten... 27

Einstimmung... 27

Erstes Haus 29

Erste Geschichte zum 1. Haus: Der Aprilscherz................. 30

Zweite Geschichte zum 1. Haus: Genforscherin................. 32

Dritte Geschichte zum 1. Haus: Höhlenmensch 34

Prominentengeschichte zum 1. Haus: Shakira 36

Zweites Haus 39

Erste Geschichte zum 2. Haus: Einzelkämpfer 40

Zweite Geschichte zum 2. Haus: Geldprobleme................. 42

Dritte Geschichte zum 2. Haus: Skeptiker 44

Prominentengeschichte zum 2. Haus: Juan Carlos I. 46

Drittes Haus 49

Erste Geschichte zum 3. Haus: Geschwisterärger 50

Zweite Geschichte zum 3. Haus: Dolmetscherin 52

Dritte Geschichte zum 3. Haus: Ab ins Internat 54

Prominentengeschichte zum 3. Haus: Heinrich Böll 56

Viertes Haus 59

Erste Geschichte zum 4. Haus: Freiheit grenzenlos 60

Zweite Geschichte zum 4. Haus: Offene Wunde 62

Dritte Geschichte zum 4. Haus: Papa für alle 64

Prominentengeschichte zum 4. Haus: Cher 66

Fünftes Haus 69

Erste Geschichte zum 5. Haus: Matjes 70

Zweite Geschichte zum 5. Haus: Weg von allen 72

Dritte Geschichte zum 5. Haus: Künstler 74

Prominentengeschichte zum 5. Haus: Ringo Starr 76

Sechstes Haus 79

Erste Geschichte zum 6. Haus: Brillenschlange 80

Zweite Geschichte zum 6. Haus: Fitnesstrainer 82

Dritte Geschichte zum 6. Haus: Kapazität 84

Prominentengeschichte zum 6. Haus: Mia Farrow 86

Siebtes Haus 89

Erste Geschichte zum 7. Haus: Unbeliebte Neue 90

Zweite Geschichte zum 7. Haus: Großmutter 92

Dritte Geschichte zum 7. Haus: Tante Ruth 94

Prominentengeschichte zum 7. Haus: R. W. Fassbinder 96

Achtes Haus 99

Erste Geschichte zum 8. Haus: Vaterersatz 100

Zweite Geschichte zum 8. Haus: Erste Liebe 102

Dritte Geschichte zum 8. Haus: Scheidungskind 104

Prominentengeschichte zum 8. Haus: James Dean 106

Neuntes Haus 109

Erste Geschichte zum 9. Haus: Schule lebenslänglich 110

Zweite Geschichte zum 9. Haus: Auswanderer 112

Dritte Geschichte zum 9. Haus: Spätberufen 114

Prominentengeschichte zum 9. Haus: Alain Delon 116

Zehntes Haus 119

Erste Geschichte zum 10. Haus: Schichtarbeit 120

Zweite Geschichte zum 10. Haus: Autoverkäufer 122

Dritte Geschichte zum 10. Haus: Heilerin 124

Prominentengeschichte zum 10. Haus: Franz Kafka 126

Elftes Haus 129

Erste Geschichte zum 11. Haus: Rotschopf 130

Zweite Geschichte zum 11. Haus: Sozialer Aufstieg 132

Dritte Geschichte zum 11. Haus: Einsamer Sportler 134
Prominentengeschichte zum 11. Haus: Hundertwasser 136
Zwölftes Haus 139
Erste Geschichte zum 12. Haus: Bankert 140
Zweite Geschichte zum 12. Haus: Hellseher 142
Dritte Geschichte zum 12. Haus: Starke Frauen 144
Prominentengeschichte zum 12. Haus: Whoopi Goldberg... 146
Methoden der Anonymisierung 148
Methodenkritik 149
Verzeichnis verwendeter Literatur 151
Internet-Quellen 152
Bildnachweis 152

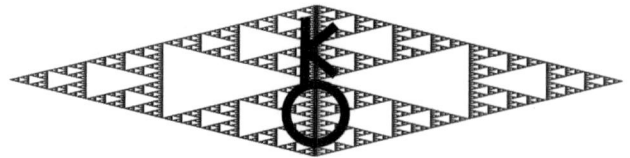

Chironbild auf einer Vase

Vorwort

Seit Beginn der Neuzeit wurden mit der Erforschung des Sonnensystems regelmäßig neue Himmelskörper entdeckt – Monde, Planeten, Planetoiden, Asteroiden und Kometen. Diese Gebilde erhielten teilweise Namen, teilweise wurden sie lediglich nummeriert.

1977 wurde zwischen Saturn- und Uranusbahn ein relativ kleines Objekt entdeckt und mit dem Namen Chiron (engl. Cheiron) bezeichnet. Diese Entdeckung schien nichts Außergewöhnliches, schon seit den 20er Jahren des vergangenen Jahrhunderts war die große Zahl solcher Gebilde im Sonnensystem bekannt und viele davon nummeriert. Merkwürdigerweise fanden sich jetzt aber schnell eine ganze Reihe renommierter Astrologen, die mit der Erforschung seiner astrologischen Bedeutung begannen, insbesondere die Vertreter der Kosmobiosophie unter Anleitung von Edith Wangemann und auch verschiedene Vertreter der Huber-Schule, die Chiron nach kurzer Zeit in ihr Deutungssystem aufnahm.

Seitdem sind eine Anzahl astrologischer Schriften über Chiron erschienen. In die Reihe derjenigen, die versuchen, anhand von Geburtshoroskopen und den Schicksalen ihrer Eigner Deutungsmaterial über Chiron zusammenzutragen, reiht sich dieses Buch ein. Nach der kurzen Zeit von 33 Jahren ist die Diskussion über Chiron, seine Zeichenzuordnung und Signifikanzen bei Weitem noch nicht abgeschlossen. Die dargestellte Hypothese und die zugehörigen Originalgeschichten sollen dazu einen konkreten Beitrag liefern.

Die praktische Arbeit der psychologischen Astrologie wird langfristig deren Validität erbringen.

Usingen, im Mai 2011
Hannelore Goos

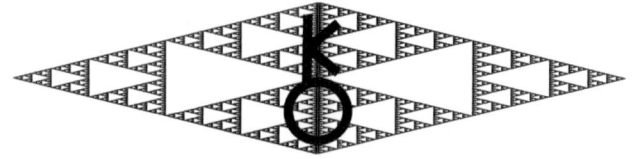

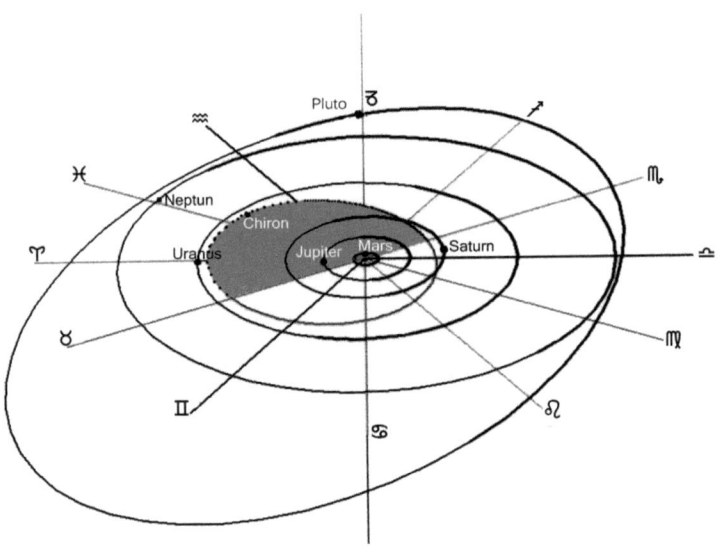

Die Lage der Chiron-Bahn im Sonnensystem
Der grau unterlegte Bereich kennzeichnet Bahnabschnitte
unterhalb der Ekliptik.

Planetenstände 14.11.2010

Astronomische Hinweise

Bei Zane B. Stein ist die ausführliche Geschichte von Chirons Entdeckung und Namensgebung beschrieben. Er war der erste einer Reihe von Himmelskörpern, die man zunächst als Kleinplaneten klassifizierte. Seitdem ist seine astronomische Erforschung und die seines Umfeldes noch immer nicht abgeschlossen. Die Gruppe, deren Entdeckung er eröffnete, wird heutzutage unter dem Namen *Zentauren* zusammengefasst.

Hier eine Tabelle ihrer wichtigsten Vertreter:

| | | Entdeckt | |
Nr.	Name	Jahr	durch
2060	Chiron	1977	Charles T. Kowal
5145	Pholus	1992	Spacewatch (David L. Rabinowitz)
7066	Nessus	1993	Spacewatch (David L. Rabinowitz)
8405	Asbolus	1995	Spacewatch (James V. Scotti)
10370	Hylonome	1995	Mauna Kea Observatory
10199	Chariklo	1997	Spacewatch
55576	Amycus	2002	NEAT at Palomar

Allen gemeinsam ist, dass sie äußerst exzentrische Bahnen haben, die die Ekliptik schneiden. Da sie dabei immer wieder dicht an Großplaneten vorbeiziehen, gelten ihre Bahnen als instabil. Alle stehen im Verdacht, kometenähnlich zu sein. Chiron wird astronomisch sowohl als Komet als auch als Planetoid geführt. Doch kommt er nie nahe genug an die Sonne heran, um seine Koma zu einem Schweif aufzuladen. Dass er trotzdem zeitweise ein solches Phänomen zeigt, ist eins seiner noch ungelösten Geheimnisse.

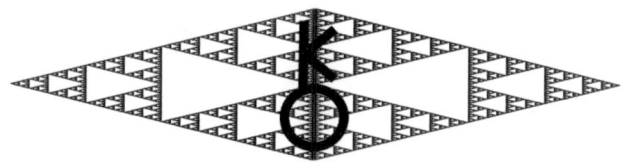

Legende

Übersicht der verwendeten astrologischen Symbole					
Planeten		**Tierkreiszeichen**		**Aspekte**	
Sonne	☉	Widder	♈	Opposition	☍
Mond	☽	Stier	♉	Trigon	△
Merkur	☿	Zwillinge	♊	Quadrat	□
Venus	♀	Krebs	♋	Sextil	✳
Mars	♂	Löwe	♌	Halbquadrat	∠
Jupiter	♃	Jungfrau	♍	Quinkunx	⅂
Saturn	♄	Waage	♎		
Chiron	⚷	Skorpion	♏		
Uranus	♅	Schütze	♐	**Mondknoten**	
Neptun	♆	Steinbock	♑	Nördlicher	☊
Pluto	♇	Wassermann	♒	Südlicher	☋
		Fische	♓		

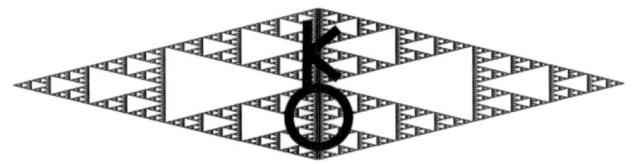

Chiron als Anzeiger eines Kindheitstraumas

Mythologische Grundlagen

Namensgebung in der Astronomie

Im 17. Jahrhundert entdeckte Gallileo Gallilei die Jupitermonde und gab ihnen Namen aus der griechischen Mythologie. Seitdem sind viele neue Himmelskörper im Sonnensystem lokalisiert und in ähnlicher Weise benannt worden, nicht zuletzt die Planeten Uranus, Neptun und Pluto, auch wenn letzterer in Hades-typischer Weise wieder aus dem Kreis der Planeten verschwunden scheint. Die mythologisch bestimmte Namensgebung erfolgte teils durch die entdeckenden Astronomen, teils auf merkwürdige Art, wie bei Pluto durch ein Preisausschreiben. Trotzdem haben sich am Ende Benennungen durchgesetzt, die als stimmig empfunden und dauerhaft angewendet wurden.

So hat sich astronomische Namensgebung im Lauf der letzten Jahrhunderte als nicht beliebig erwiesen. Bei den in geschichtlicher Zeit entdeckten Himmelskörpern konnte beobachtet werden, wie ein passender Name einem Planeten „zufiel", oft als scheinbare Zufälligkeit, die sich aber im Nachhinein als absolut passend zu den dem Planetensymbol zugehörigen astrologischen Deutungsmustern erwies.

Untersucht man die mythologischen Erzählungen über die Namensträger der einzelnen Planetensymbole, so erkennt man vielerlei Übereinstimmungen zwischen den Inhalten der mythologischen Erzählungen und den jeweils ermittelten astrologischen Bedeutungen. Der Mythos beschreibt einen Bedeutungszusammenhang in Form einer mehr oder weniger ausgeschmückten Geschichte, der in seinem Kern den astrologischen Zuordnungen des gleichnamigen Planetensymbols entspricht.

Wie der Mythos sich scheinbar gezielt ein Planetensymbol sucht, ist gerade bei Chiron zu beobachten, denn sein endgültiger Name stand nicht von Anfang an fest. Bei seiner Entdeckung waren ihm „Maverick" (Außenseiter) und „Key" (Schlüssel) als Namen zugedacht, sie haben sich jedoch nicht durchsetzen können. Erst die Bezeichnung Chiron blieb bestehen. Der Astronom Kowal, der ihn entdeckte, hat angeblich diesen Namen vorgeschlagen, weil Chirons Bahn sich über die Bahnen von Saturn und Uranus erstreckt. Er wollte die Beziehung zu beiden Planeten im Namen als Abstammung dokumentieren – Saturn (Kronos) ist Chirons Vater und Uranus (Uranos) sein Großvater.

Durch die neueren Erkenntnisse der Astronomie sind jedoch weitere Parallelitäten evident geworden:

- ☞ Als Himmelskörper nimmt Chiron eine Zwischenstellung zwischen Kleinplanet und Komet ein. Seine Masse weist ihn als Planetoid aus (sie ist mehr als 100fach größer als die eines Kometen). Seine Koma weist ihn jedoch als Kometen aus. Obwohl er nie der Sonne nahe genug kommt, um die Koma aufzuladen, zeigt er zeitweise einen Kometenschweif.

- ☞ Als Zentaur hat Chiron eine Zwischenstellung zwischen Mensch und Tier. Sein Pferdekörper lässt ihn zum Tierreich gehören. Der menschliche Oberkörper, sein Wesen und seine Handlungen weisen ihn als menschlich aus. Im Gegensatz zu den übrigen Zentauren stammt er als einziger nicht von Zentauros, deren Stammvater, ab. Trotzdem unterhält er mit ihnen Kontakte, die teils freundlich, teils feindlich sind.

Die Doppelnatur des Himmelskörpers Chiron hat also durchaus eine Entsprechung in der Doppelnatur des Kentauren Chiron.

Wieder einmal hat sich das philosophische Prinzip der Entsprechungen (auch Synchronizitätsprinzip genannt) bis in die astronomischen Forschungsergebnisse hin bewiesen. Dies macht Mut, auf dem gleichen Pfad weiterzugehen und in der Mythologie die Inhalte für die Deutung von Chiron im Horoskop zu suchen.

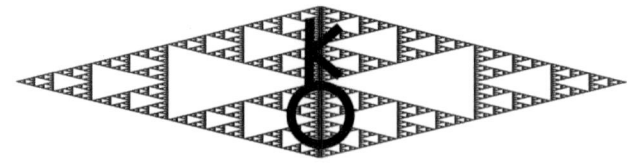

Mythologie als Erkenntnisquelle

Die vorigen Ausführungen machen deutlich, dass die Suche nach Bedeutungen von Chiron im Horoskop in die Mythologie führt. Wenn valide Hypothesen über die astrologische Bedeutung des Planetensymbols Chiron aufgestellt werden sollen, ist die griechische Mythologie, aus der er kommt, die Quelle erster Wahl. Es ist sehr wahrscheinlich, im Bereich derjenigen Inhalte fündig zu werden, die dem mythologischen Chiron zugeschrieben werden. Dabei ergeben sich allerdings einige Schwierigkeiten: Eine einzige und gewissermaßen authentische griechische Mythologie gibt es nicht. Wie jede Mythologie ist die Überlieferung aus dem antiken Griechenland eine Sammlung erzählter Geschichten. Solange sie erzählt und immer wieder erzählt wurden, blieben sie lebendig, plastisch und entwickelten sich immer weiter. Der jeweilige Erzähler schmückte sie nach seiner Art aus und legte die Betonung auf einen bestimmten Sinngehalt, der ihm in *diesem* Moment und an *diesem* Ort wichtig war. So wurden sie unter sehr verschiedenen Perspektiven wiedergegeben, je nachdem, welche Ebene der vielschichtigen Mythen im Zentrum des Geschehens stehen sollte. Nicht selten „teilte" sich dann ein Inhalt, wurde zu zwei Geschichten, die beide weitererzählt wurden, sei es nebeneinander, sei es in verschiedenen geografischen Gebieten.

Bei der Betrachtung der Mythologie ist also zu beachten, welchen besonderen Sinn der jeweilige Erzähler seiner Geschichte unterlegte und in welchem Zusammenhang parallele oder divergierende Überlieferungen stehen.

Sogar als die Mythologie aufgeschrieben und daraus eben die Schriften wurden, die die Quellen für unsere heutigen Kenntnisse sind, geschah das unter sehr unterschiedlichen Themenstellungen:

- Hesiod versuchte, Mythologie als eine Form der Geschichtsschreibung darzustellen.
- Bei Pausanius sind die mythologischen Geschichten ein Teil seiner Reisebeschreibungen, nachdem er alle damals wichtigen Kultstätten besucht hatte und anschließend eine Art Reiseführer niederschrieb.
- Für Plinius war Mythologie ein Teil der Naturgeschichte.
- In der Neuzeit hat Gustav Schwab sie im 19. Jahrhundert als „Sagen des klassischen Altertums" zu Moralepisteln für die Jugend gemacht.

Jede dieser unterschiedlichen Betrachtungsweisen ist legitim, denn sie gibt *eine* Perspektive des Mythos wieder.

Bereits Aristoteles versteht unter einem Mythos mehr als eine Sage. Er betrachtet ihn als dynamisches Geschehen, das allgemeine menschliche Verhaltensweisen zeigt, und sich als Erzählung manifestiert. Ähnliche Vorstellungen wurden zu Beginn des 20. Jahrhunderts entwickelt, nicht zuletzt durch Sigmund Freud und C. G. Jung.

Nach den neuesten philosophischen Ansätzen schildert ein Mythos existenzielle Grunderfahrungen aller Menschen, insbesondere schwierige, und trägt durch deren Übersetzung in die Allgemeingültigkeit zur individuellen Entlastung bei.

Als Modell eines Mythos kann man sich eine in viele Facetten geschliffene Glaskugel vorstellen: Man kann aus verschiedenen Richtungen sein Auge darauf werfen, es bleibt immer derselbe Mythos. Aber man sieht jedes Mal eine andere Facette seiner Aussage. Der Mythos selbst bleibt verborgen im Inneren, numinos, beschreibbar, aber nicht wirklich durch Worte fassbar. Dies garantiert einerseits eine Gültigkeit über die kulturellen Muster *einer* Sprache hinaus, erzwingt aber gleichzeitig die immer neue Erläuterung, welche Aspekte des Mythos im speziellen Zusammenhang angesprochen sind.

Mythos Saturn/Kronos

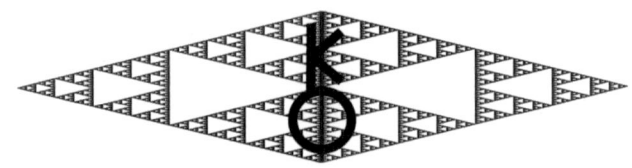

Chiron in der griechischen Mythologie

**Saturn verführte Philyra
in der Gestalt eines Rosses**

Es gibt zu Chirons Herkunft zwei verschiedene Versionen. In der gängigen, nicht nur durch die Ilias, sondern auch Ovids Metamorphosen belegten Fassung, ist sein Vater der Titan Kronos. Um der Entdeckung seiner Frau Rea zu entgehen, paarte er sich mit der Nymphe Philyra in Gestalt eines Pferdes. So wurde Chiron gezeugt. Chirons Mutter war im Moment seiner Geburt so entsetzt über das „Ungeheuer", das sie geboren hatte, dass sie um jeden Preis von ihm und ihrer Pflicht ihn zu nähren befreit werden wollte. Die Götter entsprachen ihrer Bitte: Sie wurde in einen Lindenbaum verwandelt und zur Stamm-Mutter aller Linden.

In der zweiten Version ist bereits Chirons Vater ein Kentaur, der sich mit wilden Stuten paart. Diese Version ist allerdings zweifelhaft, denn es ist kein Gott in die Zeugung einbezogen und damit gibt es keinen Grund für Chirons göttliche Unsterblichkeit, die einen wichtigen Teil seines Mythos ausmacht.

In jedem Fall wurde er von seiner Mutter verstoßen und wuchs ohne ihre Fürsorge auf. Die primäre Zurückweisung, die darin liegt, erzeugt in jedem Fall eine seelische Wunde, die ein Leben lang nicht heilt. (Selbst Kinder die unmittelbar nach ihrer Geburt adoptiert wurden und ihre Adoptiveltern durchaus lieben, machen sich häufig im Erwachsenenalter auf, die leiblichen Eltern, vor allem die Mutter, kennenzulernen).

Der Kentaur Chiron lehrt Achilles das Harfenspiel

Chiron reagiert, indem er sich *nützlich* macht: Er, der selbst elternlos aufwuchs, wird zum Pflegevater und Erzieher elternloser Kinder. Besonders derjenigen halbgöttlicher Abstammung nahm er sich an. Genannt werden Kokytos, Asklepios, Iason, Patroklos, Aristaios, Aktaion, Peleus, Telamon, Theseus, Palamedes, Aiax, Achilles und auch Herakles als seine Zöglinge. Er dient der Menschheit als Vermittler von neuen Kulturtechniken. Er taucht als Randfigur – in der Regel als helfender Außenstehender und als Streitschlichter – in vielen Erzählungen der griechischen Mythologie auf.

In späterem Alter empfängt er eine unheilbare Wunde, die ihm große Schmerzen bereitet. Gerade er, der als Arzt dafür bekannt war, beinahe jede Krankheit kurieren zu können, kann sich selbst nicht heilen. Als Unsterblicher sollte er der Pein unendlich lange ausgesetzt sein. Um dieser Qual durch den Tod zu entkommen, gibt er seine ihm angeborene Unsterblichkeit freiwillig zugunsten von Prometheus auf. Zur Belohnung wird er als Sternbild Zentaur am Himmel verewigt. Damit wird er aus der dunklen Verborgenheit seiner Höhle am Fuße des Berges Pelion für alle sichtbar ein Teil der Himmelslichter.

Man kann den Mythos so deuten: Die körperliche Wunde, die er als Erwachsener empfing, war nur die äußere Manifestation der bereits bestehenden seelischen Verwundung. Beide erhielt er ohne Verschulden und ohne eigenes Zutun, einfach nur durch sein So-sein.

Das blinde Schicksal, die Moira, und damit die Schicksalhaftigkeit der eigenen Existenz ist ein Grundthema in der griechischen Mythologie und spielt auch im Chiron-Mythos eine ausschlaggebende Rolle.

Aber im Gegensatz zu dem bekannten anderen tragischen Opfern des Schicksals, Ödipus, bleibt Chiron schuldlos, er führt keine Schuld begründende (wenn auch vorbestimmte) Handlung aus, sondern ist gänzlich Opfer und Diener. Die von seinen „biologischen" Eltern stammende Göttlichkeit gibt er freiwillig auf. Durch sein Handeln hat er sich einen eigenen Platz am Himmel als Sternbild „erdient". Damit wird er quasi aus eigener Kraft symbolisch wieder in den Götterhimmel aufgenommen.

Das Sternbild Zentaur

Zusammenfassend kann man schlussfolgern, dass die mythologischen Geschichten um Chiron seine Doppelnatur auf mehreren Ebenen schildern:

- ☞ Chiron ist weder Mensch noch Tier, sondern vereinigt beides in seinem Körper (die heutige Auffassung, Menschen seien biologisch auch Tiere außer Acht gelassen).
- ☞ Der Mutterlose wird zum Pflegevater, Erzieher und Lehrer für Andere.
- ☞ Das halbtierische „Monster" wird zum Meister der Heilkunst, der Schrift und der Musik.
- ☞ Der Unsterbliche wird sterblich, um den Schmerzen zu entgehen.
- ☞ Der chtonische Gott wird zum Heros am Sternenhimmel.

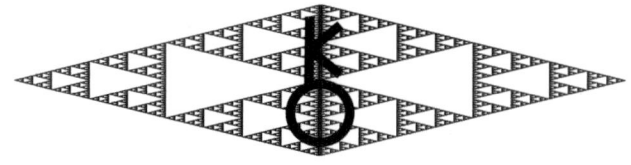

Begründung des astrologischen Deutungsansatzes

In der Astrologie kann man gegenüber Erweiterungen des astronomischen Spektrums drei Haltungen unterscheiden:

- ✍ Es gibt Astrologen und astrologische Richtungen (indische Astrologie), die neue Erkenntnisse über das Sonnensystem ignorieren und allein nach tradierten Methoden interpretieren.
- ✍ Es gibt einzelne Astrologinnen und Astrologen, die jedes neue Objekt am Himmel freudig begrüßen und versuchen, ihm alle diejenigen Deutungsinhalte zuzuordnen, die bis jetzt nicht eindeutig schienen.
- ✍ Es gibt Astrologinnen und Astrologen, die prüfen, ob der neu entdeckte Himmelskörper in den tradierten Mustern eine Lücke schließt, und dazu empirisches Material sammeln, ohne abschließend zu urteilen.

Dieses Buch soll einen Beitrag zur letzten Vorgehensweise leisten. Die hier vorgestellte Theorie basiert auf Überlegungen des verstorbenen englischen Astrologen Howard Sasportas, der sich u.a. besonders mit der Bedeutung der astrologischen Häuser befasst hat.

Ausgehend vom mythologischen Rahmen hat Howard Sasportas bereits im Jahr 1987, also nurmehr zehn Jahre nach der Entdeckung Chirons die Hypothese aufgestellt, die Position dieses Himmelskörpers im individuellen Horoskop deute auf eine unheilbare Verwundung, auch in Form eines traumatischen Ereignisses. Gleichzeitig sollte diese Verletzung den Ausgangspunkt für eine charismatische Aufgabe im Leben des Horoskopeigners sein, ebenso wie der mutterlos aufgewachsene Chiron später elternlose Götter- und Menschenkinder großzog.

Diese Überlegung von Howard Sasportas wird im hier vorgestellten Deutungsansatz der Chiron-Position im Geburtsbild eines Menschen übernommen und weiterentwickelt.

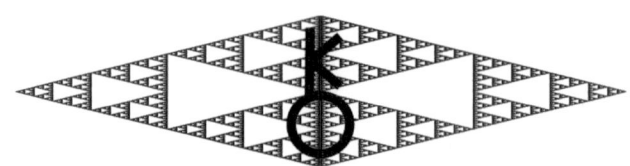

Die Häusersymbolik in der Astrologie

Häuser in der Horoskopzeichnung

Ein Horoskop wird auf einen bestimmten Moment, normalerweise minutengenau, und eine bestimmte geografische Position auf der Erde berechnet. Es ist im Prinzip nicht mehr als eine stilisierte Karte des Sonnensystems und besteht aus

- ∽ dem Tierkreis, dem Messkreis in der Ebene der Ekliptik,
- ∽ Sonne, Mond und den Planeten und
- ∽ den Erdraumfeldern, die in der Regel kurz „Häuser" genannt werden.

Der Tierkreis spiegelt die *Ekliptik*,
Lichter und Planeten sind die auf ihn projizierten *Himmelskörper*,
die Häuser zeigen den Geburtsmoment in Bezug auf die *Erdrotation*.

Da zu der Zeit, als diese Art der Darstellung eines Horoskops entwickelt wurde, die Sonne als höchster Himmelsgott Verehrung genoss, zeichnet man den Süden nach oben, als Höchstes. Norden liegt demnach unten, Osten links und Westen rechts. (Unsere Windrose stammt von den späteren Phöniziern, die als seefahrendes Volk den Polarstern als nächtlichem Leitstern nach oben setzten.)

Wenn man den täglichen Weg der Sonne am Himmel verfolgt, so scheint diese sich in einem Halbkreis über den Himmel zu bewegen. In Wirklichkeit dreht sich jedoch die Erde. Diese Drehung der Erde, die im scheinbaren täglichen Weg der Sonne sichtbar wird, ist die Basis aller Häusersysteme. Deshalb braucht man zur Berechnung der Häuser im Horoskop die Uhrzeit, auf die das Horoskop berechnet wird, sowie die geografische Länge und Breite.

Der Horizont ist bei allen diesen Systemen maßgeblich, gedacht als Scheibe, die vom Sonnenaufgangs- zum Sonnenuntergangspunkt horizontal die Erdkugel schneidet. Projiziert man den östlichsten Punkt dieser Scheibe vom Betrachter aus auf den Tierkreis, so erhält man den Aszendenten, abgekürzt AS. Der entgegengesetzte Punkt heißt Deszendent, abgekürzt DC.

Der beobachtbare Sonnenweg geht also vom Aszendenten zum Deszendenten. Sein höchster Punkt im Süden wird gleichfalls berechnet und heißt Medium Coeli, kurz MC (Himmelsmitte). Am tiefsten Punkt liegt das Immum Coeli, IC (Himmelstiefe).

Auch die MC-IC-Achse kann man sich als eine Scheibe vorstellen, die die Erdkugel von unten nach oben schneidet. Nur in Gegenden, in denen die Sonne tatsächlich mittags senkrecht scheint, steht sie immer senkrecht auf der AC-DC-Achse.

Jeder der so entstehenden vier Sektoren wird weiter in sogenannte Zwischenhäuser gedrittelt. So entstehen zwölf Häuser analog zu den zwölf Tierkreiszeichen. Für die Berechnung der Sektorenteilung gibt es mehr als zwanzig Methoden, die sich in der Geschichte der Astrologie parallel zu unterschiedlichen kulturabhängigen Vorstellungen über die Wirklichkeit und den jeweiligen mathematischen Erkenntnissen entwickelt haben.

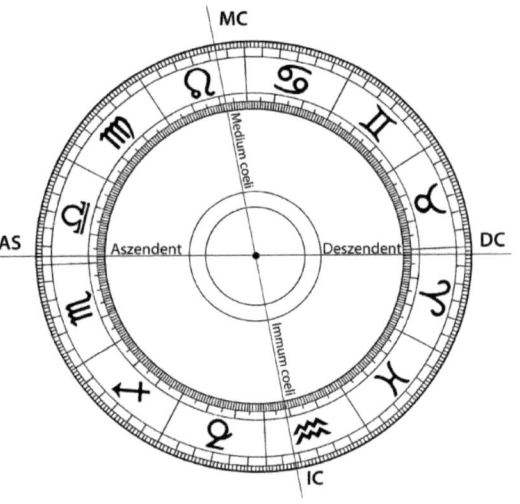

Die in diesem Buch verwendeten Häuserdarstellungen beruhen auf dem Geburts-Ort-Häusersystem (GOH) von Zanziger und Specht, das auch oft nach seinem ersten Befürworter, dem Astrologen Walter Koch, „Koch-System" genannt wird. In Bezug auf Aussagen im Rahmen der psychologischen Astrologie wurden von der Autorin hiermit die besten Erfahrungen gemacht.

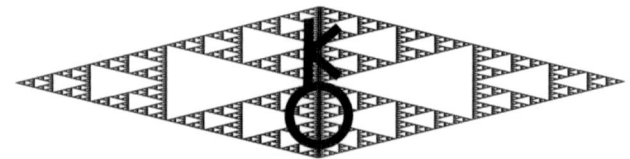

Die Deutung der Häuser

Ein wichtiger Teil der Astrologie ist die Lehre von der Horoskop-Deutung. Dabei hat sich folgende Vorgehensweise bewährt:

- Der **Planet** bestimmt, um **was** es geht.
- Das **Zeichen**, in dem er steht, bestimmt **wie** dies realisiert wird.
- Das **Haus** bestimmt, **wo** es verwirklicht wird.

Die Häuser sind also die Lebensbereiche, die verschiedenen *Bühnen*, auf denen sich die im Horoskop verzeichneten Anlagen realisieren. Dabei ist es jedoch nicht bewirkendes, sondern anzeigendes Medium. So kann jemand seine Willenskraft (Mars) am besten im Bereich

– Selbstverwirklichung, entsprechend dem 5. Haus,
– in seinem Beruf, dem 10. Haus oder
– in einem Verein, dem 11. Haus einsetzen,

je nachdem, wo der Mars im Horoskop dies anzeigt.

Die Häuser werden ab dem Aszendenten gegen den Uhrzeigersinn gezählt. Jedes einzelne stellt, wie alle astrologischen Symbole, einen komplexen Sinnzusammenhang dar, der nur unscharf in einfache Formeln zu fassen ist. Jede „Benennung" ist unvollkommen, denn sie gibt nur einzelne Facetten des Symbols wieder.

Die Ausgestaltung der einzelnen Lebensbereiche sind diejenigen Faktoren der Horoskopdeutung, die am stärksten dem kulturellen Wandel unterworfen sind: Im 3. Haus ist die Bedeutung der Geschwister im Rahmen der immer häufiger anzutreffenden Ein-Kind-Familie geringer geworden, während gleichzeitig die Kommunikation in den letzten Jahren für jeden Einzelnen einen enormen Bedeutungszuwachs erlebt hat.

Auch in Fragen Liebe und Ehe (5. vs. 7. Haus) und Berufswahl (4. vs. 10. Haus) mussten an den Häuserdeutungen im Lauf der letzten 200 Jahre erhebliche Veränderungen vorgenommen werden. Es ist das Verdienst des verstorbenen englischen Astrologen Howard Saportas, die bekannten speziellen astrologischen Häuserdeutungen auf eine allgemeine Symbolik zurückgeführt zu haben. Diese allgemeine Grundlegung konnte dann auf die aktuellen gesellschaftlichen Verhältnisse angewendet werden. Herausgekommen sind aktuelle Häuserbeschreibungen für den Alltag der astrologischen Beratung im 20. und 21. Jahrhundert.

Für die hier vorgestellte Untersuchung wurden die gängigsten Hauptbedeutungen zu jedem einzelnen Haus ausgewählt. Eine solche Auswahl war auch deswegen notwendig, weil viele Geschichten von Menschen stammen, die zwar grundsätzlich an Forschungen wie der hier beschriebenen Interesse haben, aber nicht in Astrologie ausgebildet sind. Zur Veranschaulichung die Abbildung eines Häuserkreises mit den jeweils berücksichtigten Hausthemen:

Jedes Haus bezieht sich auf einen definierten Lebensbereich. In jedem Horoskop steht Chiron in einem bestimmten Haus, ist also einem dieser Lebensbereiche zugeordnet.

Bereits Sasportas hat postuliert, dass eine traumatische Zurückweisung entsprechend dem Chironmythos in demjenigen Lebensbereich stattgefunden hat, der durch das Haus symbolisiert wird, in dem Chiron im individuellen Horoskop steht. Chiron im 7. Haus würde also z.B. eine Zurückweisung in der Partnerschaft anzeigen.

Ergänzt wird dieser mythologisch-astrologisch begründete Ansatz durch eine zeitliche Zuordnung aus der Kombination der Häuserfolge mit den Phasen der klassischen Entwicklungspsychologie.

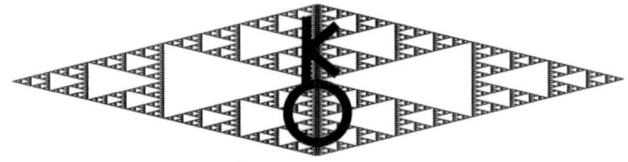

Astrologische Häuser und Psychologie

Vergleicht man die Häusersymbolik in ihrer aufsteigender Folge aus dem Blickwinkel der klassischen Entwicklungspsychologie, so fallen erstaunliche Übereinstimmungen auf. Die Korrelation zwischen den Häuserdefinitionen einerseits und den psychologischen Entwicklungsstufen andererseits lassen den Schluss zu, dass das astrologische Häusersystem auch als die Abfolge von Phasen der menschlichen Entwicklung gesehen werden kann. Da diesen Phasen in der Psychologie bestimmte Altersstufen entsprechen, ergibt sich daraus ein zeitliches Entwicklungssystem.

Dies ist im Prinzip nichts Neues, unter dem Namen „Rhythmenlehre" und ähnlichen Bezeichnungen gibt es bereits mehrere Modellvorstellungen, wie in der Abfolge der Häuser der Ablauf des menschlichen Lebens gespiegelt werden kann. Sie dienen meist dazu festzustellen, in welchem Lebensalter sich ein bestimmter, im Horoskop angezeigter Inhalt realisiert. Obwohl die Anwendung der jeweiligen Technik sich als etwas rein Astrologisches darstellt, wird allein durch die Parallelität zur Entwicklung der menschlichen Psyche eine Verbindung zur Psychologie deutlich. Astrologie und Psychologie beschreiben dieselben Zusammenhänge jeweils aus der Perspektive ihres Fachgebiets.

Hier wird nun der Versuch gemacht, Astrologie und traditionelle Entwicklungspsychologie miteinander zu verknüpfen. Dies geschieht mit der Hypothese, dass die Position Chirons in den Häusern nicht nur einen Inhalt wiedergibt – nach der Bedeutung des jeweiligen Hauses – sondern dass eine traumatische Zurückweisung in Bezug auf diesen Inhalt in einem bestimmten Alter erstmalig stattgefunden hat. Die Alterszuordnung geht dabei von der Geburt bis zum Erwachsenenalter, ist also psychologisch bestimmt. Eine Zuordnung zum Rhythmus eines bestimmten Planeten konnte bei der Untersuchung nicht festgestellt werden.

Der Anfangspunkt, der Geburtspunkt jeder mit Hilfe eines Horoskops betrachteten Entität ist der Aszendent. Hier beginnt das **1. Haus**, die erste Station in der Wirklichkeit, die erste Bühne des Lebens. Dem ersten Haus wird der Bereich des Körpers zugeordnet, er entspricht psychologisch dem Säuglingsalter bis zum 3. Lebensjahr, das schwerpunktmäßig der Entwicklung der Körperbeherrschung bis hin zum aufrechten Gang gewidmet ist.

Das wichtigste Momente in dieser Lebenszeit ist die Erfahrung, angenommen und erwünscht zu sein, und daraus resultierend die Bildung eines primären Urvertrauens.

Es folgt das Kleinkindalter, das dem Menschen zunächst die Aufgabe stellt zu erkennen, was zu ihm gehört und was nicht, unschwer als Besitzfunktion im **2. Haus** erkennbar. In dieser Phase ordnet das Kind sich auch in eine bestimmte Umwelt ein, es verwurzelt und verknüpft sein erworbenes Urvertrauen an stabile Bezugspersonen und Bezugsorte.

Schließlich ist das Vorschulalter erreicht, in dem die Entwicklung der kognitiven und kommunikativen Fähigkeiten einen Schwerpunkt hat. Inzwischen wird auch in deutschen Kindergärten in diesem Alter besonders die Sprachentwicklung gefördert, teilweise sogar in einer Fremdsprache, um diese prägsame Phase optimal zu nutzen. Entwicklung der Sprachfähigkeit, Kommunikation mit

Lina Morgenstern
Paradies der Kindheit

Gleichaltrigen und Geschwistern, all das erkennt der Astrologe unschwer als Thema im **3. Haus.**

Im Gegensatz zum Vorschulkind erwartet man von einem Grundschüler, dass er zwischen Verwandten, Freunden und Fremden unterscheidet. Wird die Kindergarten*tante* durch ihre Bezeichnung quasi in die Familie einbezogen, bleiben demgegenüber Lehrer und Lehrerin im Rang Außenstehende und man erwartet im Deutschen die korrekte Ansprache mit „Sie". Am Ende der zweiten Grundschulklasse, also mit 7-8 Jahren ist dieses Verhalten erlernt und stabil. Die Abgrenzung des Familienkreises gegen alle anderen Menschen, die Unterscheidung zwischen familiären und nichtfamiliären Bezugspersonen, lässt das **4. Haus** erkennen.

Es folgt eine Phase, in der Lernverhalten und Wissensaneignung den Personenbezug verlieren und sich mehr und mehr an den Wünschen des

Kindes selbst orientieren. In zunehmendem Maß entwickeln sich individuelle Neigungen und Vorlieben. Werden die Interessenswünsche nicht vom Angebot der Schule oder des Elternhauses abgedeckt, so geht das Kind nun eigene Wege: In diesem Alter entwickeln sich erstmals Hobbys, die häufig bis ins hohe Alter beibehalten werden. Gleichzeitig verändert sich das Spielverhalten. Spielen dient jetzt weniger dem Erproben und Üben eigener Fähigkeiten, sondern dem Vergnügen. Das **5. Haus** wird in der klassischen Astrologie als dasjenige gesehen, in dem sich Tätigkeiten zur Befriedigung der Ego-Interessen spiegeln.

In der späten Kindheit schließlich entwickelt sich die Wahrnehmung der individuellen Belastbarkeit, die Fähigkeit zur Einschätzung des eigenen Vermögens. Seine Beachtung führt zu einer ausgeglichenen gesundheitlichen Belastung, insbesondere in Bezug auf Stress. Das persönliche Fähigkeitskonzepts ermöglicht auf diese Weise eine sachgerechte Anpassung an die vielfältigen Anforderungen von Schule und Umwelt. Gleichzeitig ist diese Phase gekennzeichnet von immer stärker abstrahierendem Denken, bis hin zur Entwicklung von Kategorien und Ordnungsschemata. In beiden Punkten erkennt man die Entsprechungen zum **6. Haus**.

Von der Schwierigkeit, erwachsen zu werden:
„Helden der Kindheit"
Bildcollage von Lele

In der Entwicklungspsychologie folgt auf die Kindheit die Adoleszenz, deren wichtigstes Thema die Entwicklung einer eigenen Position zu den gesellschaftlichen Anforderungen ist. Dies geschieht durch Bewältigung von so genannten „Entwicklungsaufgaben":

- ☜ Aufbau eines Freundeskreises und Beachtung des eigenen Aussehens;
- ☜ Akzeptierung der körperlichen Veränderungen und Aufnahme von engen/intimen Beziehungen;
- ☜ Ablösung vom Elternhaus und Entwicklung einer eigenen Weltanschauung;
- ☜ Orientierung auf Ausbildung und Beruf,
- ☜ Entwicklung von Vorstellungen über die eigene Rolle in der Gesellschaft;
- ☜ Einordnung der eigenen Person in die geschichtlichen und kulturellen Abläufe, Verbindung mit der individuellen Zukunftsperspektive.

Dem mit der Häusersymbolik vertrauten Astrologen wird es nicht schwer fallen, diese Themen mit den Inhalten des 7. Bis 12. Hauses in Verbindung zu bringen.

Gleichzeitig gibt es in beiden Systemen keine exakte, für alle Individuen gleichermaßen gültige zeitliche Zuordnung. Menschen entwickeln sich unterschiedlich schnell und teilweise in Schüben – lehrt die Psychologie. Astrologische Häuser sind unterschiedlich groß und ihre Bedeutung kann je nach Zeichenposition und Planetenbesetzung differieren, sagt die Astrologie. Deshalb gibt es bei den Altersangaben im Folgenden deutliche Überlappungen.

Aus dem bisher Geschilderten resultierte die Hypothese, deren Validität mit Hilfe von individuellen „Geschichten" überprüft werden soll, die hier erzählt und nacherzählt werden:

Die Hausposition Chirons im individuellen Horoskop markiert
die Art einer grundsätzlichen traumatischen Verletzung
je nach **Thema des Hauses** und
den Zeitpunkt dieses Geschehens je nach **Nummer des Hauses**.

Die Materialsammlung

Anfang der 90er Jahre des letzten Jahrhunderts stieß ich bei den Vorbereitungen für einen Vortrag über Chiron auf oben beschriebene Korrelationen. Eine Durchsicht meines Materials aus Einzelberatungen und BefragungsStichproben in meiner unmittelbaren Umgebung ergaben bereits eine große Anzahl von Übereinstimmungen zu der Hypothese, dass die Häuserposition von Chiron sowohl inhaltlich als auch zeitlich mit einem Kindheitstrauma in Verbindung zu bringen ist.

Für generelle Aussagen musste jedoch die Anzahl der Fälle erhöht werden. Hierzu wurden erstmalig elektronische Netze benutzt, zuerst das private Fido-Netz, das damals weltweit aus mehr als 500 000 Computern bestand, die Nachrichten und persönliche Mitteilungen untereinander austauschten. Später kam das Internet dazu und löste am Ende die privaten Netze ganz ab.

Ab dem Jahr 1992 wurde in diesen elektronischen Netzen mehrfach die Bitte um Überlassung persönlicher „Chiron-Geschichten" veröffentlicht. Zunächst gab es eine Art Einzelberatung, indem dem Auskunftswilligen erst die Chiron-Position mitgeteilt und anschließend eine mögliche Geschichte in Bezug auf die jeweilige Häuserposition abgefragt wurde. Es meldeten sich meist esoterisch Interessierte ohne besondere astrologische Kenntnisse. Deshalb musste die Häuserbedeutung in geeigneter Form erläutert werden.

Diese Erläuterungen wurden immer mehr standarisiert und sind in der endgültig veröffentlichten Form am Anfang jedes Häuserkapitels noch einmal abgedruckt. Ab 1994 waren sie ständig im Bereich Forschung auf dem Webserver „Astrologix" zu lesen und ab 1996 auch auf „Boudicca's Bard".

Die eingesandten Daten wurden archiviert und sind nun zusammen mit den zuvor gesammelten die Basis dieses Buches. Wie erfragt, handelt es sich um individuelle erzählte *Geschichten*, einige länger, einige kürzer je nach Eigenart des Erzählers oder der Erzählerin. Auch die von der Autorin nacherzählten wurden im Stil möglichst unverändert erhalten.

So ergibt sich eine breite Palette, aus der sich der Leser eine eigene Meinung bilden kann.

Wenn auch die jeweilige Vorgabe eine Eingrenzung – in der Methodenkritik auf S. 149 beschrieben – darstellt, so wird doch durch die Variabilität individueller Erzählungen der Vielfältigkeit der Häusersymbolik Rechnung getragen.

Ich hoffe, dass die hier dargestellten Zusammenhänge möglichst vielen Menschen in der Einzelberatung eine Hilfe sein wird.

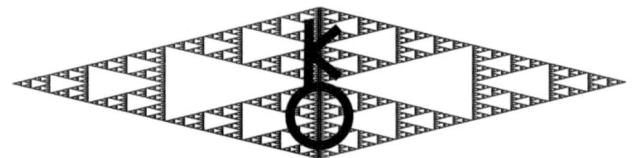

Chiron-Geschichten

Einstimmung

Die Bitte, eine Geschichte zur Chironerfahrung zu erzählen bestand jeweils aus drei Teilen:
- ☞ allgemeine Darstellung, was unter traumatischer Zurückweisung zu verstehen ist,
- ☞ thematische Kurzfassung mit Altersangabe und
- ☞ einem bewusst allgemein gehaltenen Darstellungstext mit möglichst geringer suggestiver Wirkung.

Hier zunächst die allgemeine Darstellung:

> Sie stehen an einer Bushaltestelle, der Bus hält und sie wollen einsteigen. Da steht an der Bustür ein amtlich aussehender Mann und sagt:„Sie dürfen nicht Bus fahren! Selbstverständlich darf jeder hier in den Bus einsteigen, **aber Sie nicht**!"
>
> So ungerecht, so dramatisch, so traumatisch muss man sich vorstellen, ist es dem Kentauren Chiron direkt nach seiner Geburt ergangen: Die eigene Mutter betrachtete ihn als Monstrum und wollte ihn nicht haben.
>
> Jeder hat an irgendeinem Punkt seines Lebens eine solche Zurückweisung erfahren. Sie aufzuspüren ist ein wichtiger Bestandteil der astrologischen Beratung.

Der Begriff **Zurückweisung** bedeutet nicht in jedem Fall, dass es eine Person oder gar ein Familienmitglied sein muss, von dem man sich zurückgewiesen fühlt. Dies gilt für allem für die frühe Kindheit. Ein Kind unterscheidet oft nicht zwischen den *Umständen* und den beteiligten Personen.

Die gesuchte Situation oder der Vorfall bedeutet also sinngemäß: „Für alle Anderen ist etwas selbstverständlich, nur für mich nicht!"

Erster Quadrant

Die zwölf Häuser des Horoskops werden in vier Quadranten zu je 3 Feldern eingeteilt. Die Häuser 1, 2 und 3 bilden den ersten, den sogenannten Körper-Quadranten. Der physische Körper ist sein Bereich und alle im Horoskop abgebildeten Vorgänge sind im Physischen oder Materiellen zu suchen.

Erstes Haus

Das Thema:
0 - 3 Jahre : Ich darf nicht der sein, der ich bin

Die Chiron-Position in deinem Horoskop besagt nach meiner Hypothese, dass die traumatische Zurückweisung, die deinen Lebensweg stark beeinflusst, zwischen deiner Geburt und deinem 3. Geburtstag stattgefunden hat. Irgendetwas ist geschehen, das dir das Gefühl vermittelt hat, dass du auf dieser Welt nicht erwünscht bist.

Natürlich erinnerst du dich nicht mehr daran. Höchstens indirekt könnte man etwas finden, z.B. bei Adoption, Krankenhausaufenthalt oder ähnlichen Ereignissen, die man später erzählt bekommt. Aber wenn du dazu doch etwas wissen solltest, wäre es hilfreich, wenn du es mir schreiben könntest.

Der Aszendent bedeutet nach klassischer astrologischer Lehre den Punkt der Geburt und das auf ihn folgende 1. Haus beschreibt den Körper des Horoskopeigners, seine „Materialisation" in der physischen Welt. Bei den Zurückweisungen, die Chiron im 1. Haus anzeigt, geht es somit um das Nachleben des Chiron-Mythos in seiner reinsten Form.

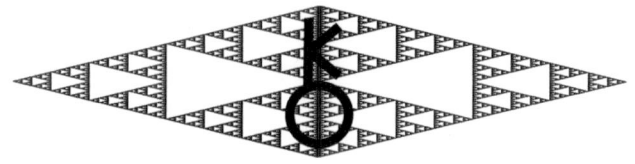

Erste Geschichte zum 1. Haus: Der Aprilscherz

Eine Geschichte kann lang oder kurz sein. Die folgende ist die kürzeste in diesem Buch:

> „Bei mir werden sie nichts Besonderes finden, ich bin ja
> doch nur ein Aprilscherz!"

Mit diesem Satz – mit heftiger Bitterkeit gesprochen – übergab mir der Horoskopeigner, nennen wir ihn Reinko, seine Daten. Dies passte so wenig zu der Person, als die ich ihn sonst kannte, dass ich regelrecht erschrak. Was mochte wohl dahinter stecken? Tatsächlich ist sein Geburtstag am 1. April.

Dies allein konnte aber kaum der Grund für eine so heftige Reaktion sein! Aber sprechen wollte er darüber nicht. In der Folgezeit vermied er deutlich Situationen, in denen ich ihn hätte befragen können.

Das war sehr ungewöhnlich. Jeder kannte Reinko als geselligen Typ, ein Kumpel, der für jede Unternehmung zu haben war, gern im Freundeskreis sitzend und lebhaften Austausch pflegend. Er hatte zwar keine Familie, aber seine Freizeit war ausgefüllt von sportlichen Unternehmungen wie Motorradfahren im Sommer, Skifahren im Winter, Surfen im Urlaub. Immer gehörte er zu einer Clique und man konnte sich gar nicht vorstellen, dass er sich irgendwo nicht angenommen fühlte.

Aber Reinko hatte noch eine andere Seite, die nur ab und zu offenbar wurde. Er arbeitete als Lehrer an einer Schule in einem sozialen Brennpunkt. Als Pädagoge kümmerte er sich um Schüler, die besondere Probleme im Verhalten hatten, Jugendliche am Rande eines Abgleitens in die Kriminalität, meist solche, die von alleinerziehenden Müttern großgezogen wurden. In seiner Freizeit traf er sich mit seinen Schützlingen, trieb mit ihnen Sport oder besuchte Sportveranstaltungen, organisierte Kinobesuche und Ausflüge. Dieses Engagement wurde nur selten offenbar, wenn er zufällig in einer Konferenz zugunsten des jeweiligen Schülers etwas davon berichtete, was er bei seinem außerschulischen Engagement erfahren hatte. Kein Außenstehender weiß, wieviele Jugendliche er auf diese Weise vor dem endgültigen Weg die „Rolltreppe abwärts" bewahrt hat.

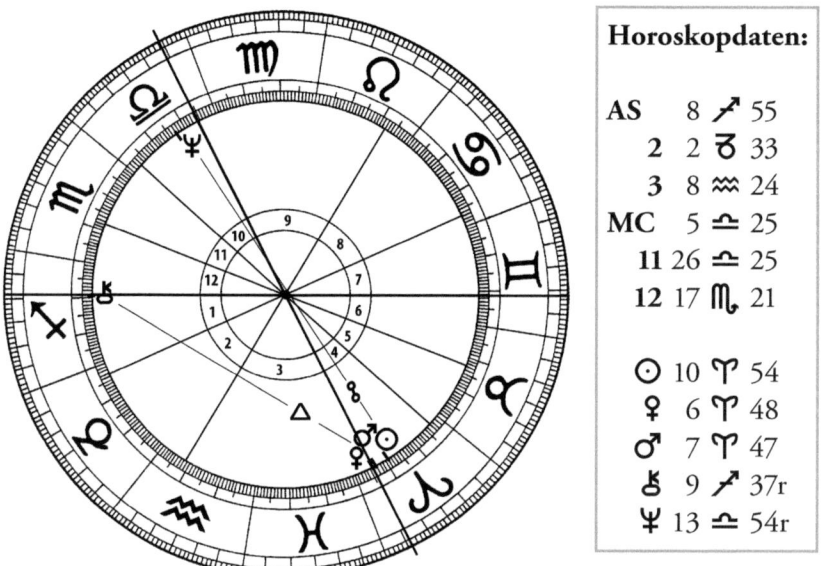

Horoskopdaten:			
AS	8	♐	55
2	2	♑	33
3	8	♒	24
MC	5	♎	25
11	26	♎	25
12	17	♏	21
☉	10	♈	54
♀	6	♈	48
♂	7	♈	47
⚷	9	♐	37r
♆	13	♎	54r

Das Horoskop zeigt dies alles in beeindruckender Deutlichkeit.

Zunächst die Entschlüsselung seiner Bemerkung, er sei ja doch nur ein Aprilscherz: Chiron am Aszendenten ist der Hinweis, dass er von Geburt an abgelehnt wurde. Sowohl diese Chironposition als auch das Datum – erster April – drücken eine grundsätzliche Ablehnung von Reinkos Existenz aus. Offensichtlich ging diese Ablehnung nicht vom Vater aus. Die Mutter blieb nach der Neptun-Position lebenslang nicht wirklich greifbar, eine verschwommene Persönlichkeit.

Gleichzeitig beschreibt die Dreifachkonjunktion von Sonne, Mars und Venus im Widder die Freude an sportlichen Aktivitäten. Da die Venus aus dem elften Haus kommt, ist es für Reinko wichtig, sich dabei mit Kameraden zu umgeben.

Das zehnte Haus zeigt üblicherweise den Beruf an, in tiefergehenden Horoskop-Deutungen eigentlich die *Berufung*. In diesem Horoskop kann man ablesen, dass es Reinko in diesem Bereich um den Aufbau von Partnerschaften geht, aber mit Neptun eher im Verborgenen.

Insgesamt zeigen die Person Reinko und sein Horoskop wie die traumatische Zurückweisung, die Chiron anzeigt, zu einer – wenn auch verborgen ausgeübten – charismatischen Berufung wurde.

Zweite Geschichte zum 1. Haus: Genforscherin

Die folgende Geschichte wurde mir Mitte der 90er Jahre im privaten elektronischen Fido-Netz zugesandt:

> Gerhild schreibt:
> „Diese traumatische Zurückweisung hat schon mit meiner Geburt eingesetzt, da die Ärzte eigentlich mit meinem Ableben rechneten. Die ersten Wochen meines Lebens habe ich deshalb im Krankenhaus verbracht."

Bereits im Jahr 1985 hatte Howard Sasportas vermutet, dass die Position von Chiron im 1. Haus auf eine Erkrankung hinweist. Dies scheint hier bestätigt. Die Formulierung von Gerhild weist jedoch darauf hin, dass sie das Gefühl der Zurückweisung zum Zeitpunkt der Erzählung noch nicht überwunden hatte. Ein Indiz dafür ist ihre Aktivität in einem der privaten Kommunikation dienenden Computernetz, was in den 90er Jahren des letzten Jahrhunderts durchaus noch nicht allgemein üblich war. Hier fanden sich besonders viele Menschen, die zwar kommunikativen Austausch, aber keinen direkten Kontakt mit Anderen suchten.

Diese Aussage wird durch die zahlenmäßige Verteilung von Chirons Hausposition bei den eingesandten Schriften untermauert. Beim ersten Aufruf 1992 kamen 34 Antworten aus den Computernetzen, von denen zwölf von Menschen stammten, bei denen Chiron am Aszendenten oder im 1. Haus platziert ist. Offensichtlich sind diese Menschen am ehesten für die quasi körperlose elektronische Kommunikation prädestiniert.

An der Lebensgeschichte von Gerhild kann man den Chiron-Mythos fast schulbuchmäßig ablesen. Nach ihrem Abitur studierte sie Medizin und machte eine Facharztausbildung zur Kinderärztin. Dies alles wäre schon genug für jemanden, der als Kind selbst ein „medizinische Fall" war. Aber anscheinend setzte sich die bereits vermutete Scheu vor direktem Kontakt durch: Gerhild ging in die Forschung. Sie spezialisierte sich auf Genetik im Bereich der Kinder-Krebsforschung und wurde dort zu einer auch international geschätzten Kapazität.

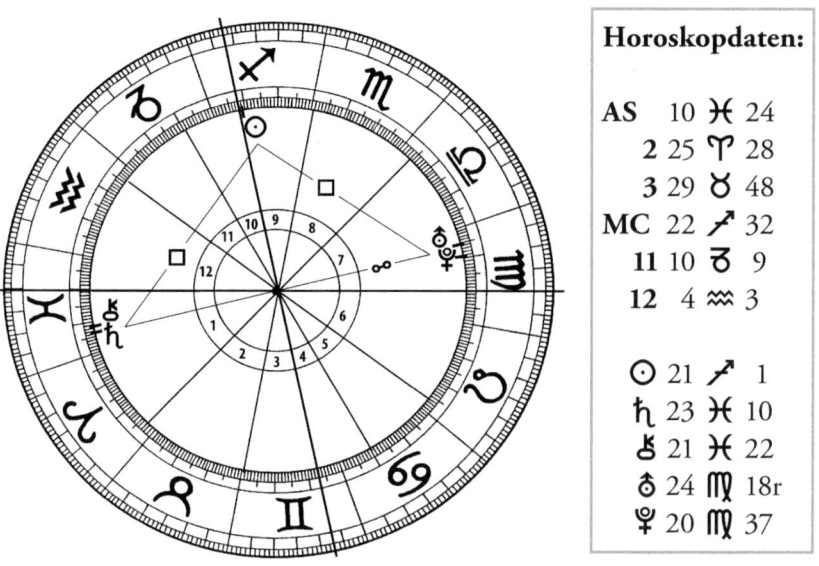

Horoskopdaten:

AS	10	♓	24
2	25	♈	28
3	29	♉	48
MC	22	♐	32
11	10	♑	9
12	4	♒	3
☉	21	♐	1
♄	23	♓	10
⚷	21	♓	22
☊	24	♍	18r
♀	20	♍	37

Das Horoskop zeigt vordergründig in den Positionen der klassischen Plane-ten Probleme im körperlichen Bereich an. Saturn im 1. Haus im Quadrat zur Sonne ist ein möglicher Indikator für eine Behinderung. Durch Kon-junktion mit Chiron wird jedoch angezeigt, dass genau in dieser Konstel-lation die Möglichkeit liegt, eine besondere Lebensaufgabe zu bewältigen.

Dies wird auch durch das geschlossene Dreieck mit der Opposition zu Uranus/Pluto signalisiert. Diese Figur nennt man astrologisch *Leistungs-dreieck* und der Name ist Programm: Schafft die Horoskopeignerin es, die beteiligten Planetenprinzipien in Einklang miteinander zu bringen, kann sie unerhörte Leistungen vollbringen. Schafft sie es nicht, muss sie sich mit Blockaden auf allen Ebenen plagen.

Gerhild scheint die durch die Konstellation symbolisierte Anlage bewäl-tigt zu haben: Sonne im Schützen ist Signifikator für wissenschaftliche Tätigkeit, dem Planeten Pluto sind Krebserkrankungen zugeordnet, Ura-nus ist Herr der Gentechnologie. Dies alles wird in Verbindung mit Kinder-heilkunde als chironischer Auflösung des Kindheitstraumas verwirklicht. Statt zu blockieren, kann der Saturn Gründlichkeit beisteuern.

Gerhilds Karriere macht deutlich, wie aus einem traumatischen Start ins Leben Erfolg und Charisma werden kann.

Dritte Geschichte zum 1. Haus: Höhlenmensch

Es folgt eine Geschichte, wie der Chironmythos fast nachgelebt wird:

> Sigi erzählte:
>
> „Ich lebe schon immer sehr zurückgezogen von meiner Familie, wurde aber bewusst nie von meiner Mutter zurückgewiesen. Ich weiß aber nicht, was im Alter von 1-2 Jahren passiert ist. Meine Eltern hatten eine Gaststätte und deshalb sehr wenig Zeit für mich, meistens haben sich meine drei älteren Schwestern um mich gekümmert.
>
> Ich interessiere mich schon von Kind an für Heilkräuter, heute sammle ich viele, hab auch ein Garten mit vielen Kräutern…
>
> Ich hab mir in meinem Elternhaus meine eigene Welt/ Höhle erschaffen, in der ich 30 Jahre gelebt habe - vielleicht Chirons Höhle?

Als Sigi mir dies erzählte, hatte er allerdings seine Höhle bereits verlassen – zumindest zeitweise. In einer sehr ländlichen, kulturell vernachlässigten Gegend wohnend, hatte er einen Verein gegründet, der Musikveranstaltungen in diese Region brachte. Er konnte viele Menschen so begeistern, dass sie nicht nur dem Verein beitraten, sondern als Sponsoren und Helfer aktiv mitarbeiteten. So organisieren sie seit mehr als einem Jahrzehnt regelmäßige Festivals bei freiem Eintritt, zu denen sich mehrere tausend Menschen zusammenfinden.

Auch aus dem Kräutersammeln wurde mehr. Zwar kein Beruf, wie Sigi es erwartet hatte, aber eine andere Art von Lebensaufgabe. Als seine Heimat durch die Folgen ökologischen Raubbaus in eine Katastrophe zu schliddern drohte, erweiterte er das Aufgabenspektrum seines Vereins und begann sich darum zu kümmern. Die Festivals wurden jetzt gezielt für Aufklärung über Ökologie und Klimawandel genutzt, alles, was dem Schutz der Natur dienen konnte, direkt gefördert. Obwohl Sigi selbst gar nicht mehr im Vorstand des von ihm gegründeten Vereins ist, wird aus Zeitungsinterviews klar, dass er die Richtung weiterhin maßgeblich bestimmt.

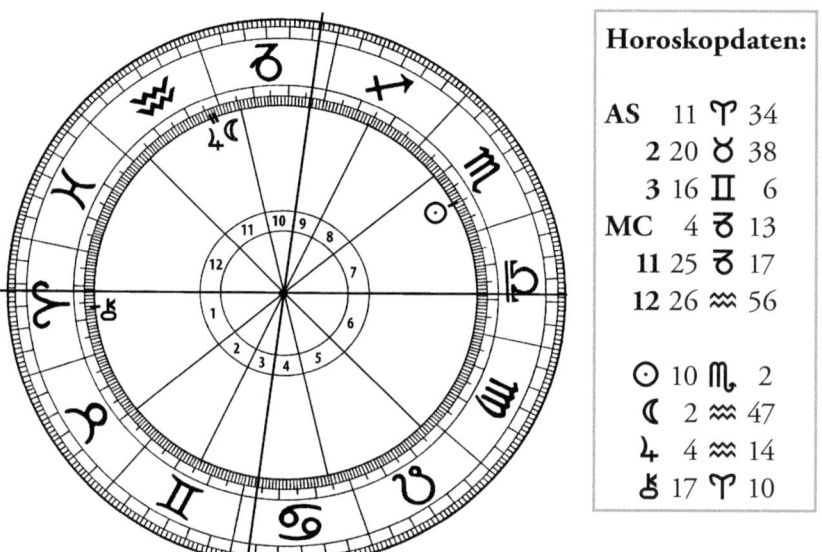

Horoskopdaten:			
AS	11 ♈	34	
2	20 ♉	38	
3	16 ♊	6	
MC	4 ♑	13	
11	25 ♑	17	
12	26 ♒	56	
☉	10 ♏	2	
☽	2 ♒	47	
♃	4 ♒	14	
⚷	17 ♈	10	

Das Horoskop zeigt zunächst – auch in anderen Faktoren, die hier aus Gründen der Anonymisierung nicht abgebildet sind – Isoliertheit und Abgeschlossensein. Sonne und Chiron sind unaspektiert. Es besteht zu keinem anderen Horoskopfaktor eine Beziehung. Hier erklärt sich die Aussage des Horoskopeigners, er lebe in einer eigenen Welt, gewissermaßen einer Höhle wie Chiron, in der er eine selbstgewählte Abgeschiedenheit pflegt.

Dass er sich an eine konkrete Zurückweisung nicht erinnert, ist mit dem Alter zu erklären, in dem dies geschehen sein muss. Die Lebensumstände, die er aus dieser Zeit schildert, machen jedoch sehr wahrscheinlich, dass es für ihn gute Gründe gab, sich von seiner Mutter nicht angenommen zu fühlen.

Die charismatische Auflösung ist für Sigi im Bereich „soziale Gemeinschaften", dem 11. Haus zu finden. Die Mond-Jupiter-Konjunktion im Wassermann zeigt an, dass er in der Gemeinschaft eines Vereins seine Persönlichkeit entfalten und seine Gefühle ausdrücken kann. Diesem Tierkreiszeichen wird auch politische Tätigkeit zugeordnet, die ja letztlich aus seiner Vereinsgründung erwachsen ist.

Was er im Leben geleistet hat, sein Trauma und das daraus erwachsene Charisma wird in diesem Horoskop deutlich illustriert.

Prominentengeschichte zum 1. Haus: Shakira

Im Gegensatz zu den Chiron-Geschichten, die von Privatleuten stammen, ist bei den Prominenten oft eine traumatische Zurückweisung in der Kindheit oder Jugend nicht konkret auszumachen. In den Biografien werden nur die „schönen" Seiten dargestellt. Bei der Pop-Rock-Sängerin und Songwriterin Shakira (Isabel Mebarak Ripoll) gibt es jedoch zwei schwerwiegende Hinweise, dass eine solche stattgefunden haben muss.

Zum einen fällt auf, dass in allen veröffentlichten Biografien zu ihrer frühen Kinderzeit immer nur von ihrem Vater, einem nebenberuflichen Schriftsteller, erzählt wird: Er regte sie an, Gedichte zu schreiben, er förderte ihre Begabung, er konfrontierte sie mit Straßenkindern. Von der Mutter existiert der Name – mehr nicht.

Einen weiteren Hinweis gab die Künstlerin selbst mit ihren beiden Musikalben „Oral Fixation" (Orale Fixierung). In der Psychoanalyse versteht man darunter das Steckenbleiben in einem frühkindlichen Verhaltensmuster. Die klassische Ursache ist ein Fehlen der in dieser Phase notwendigen mütterlichen Zuwendung. Ein gebräuchliches Bild in der Psychologie dafür ist der Mittagstisch: Wer satt geworden ist, kann getrost aufstehen, wer nicht genug bekommen hat, bleibt ewig sitzen. In einem Interview mit der Jounalistin Marianne Wellershoff gibt Shakira zu, dass sie unter einer oralen Fixierung leide und deswegen in psychotherapeutischer Behandlung sei.

Außergewöhnlich ist gleichzeitig Shakiras soziales Engagement. Sie hat es sich zur Aufgabe gemacht, vor allem die Schulbildung armer Kinder zu fördern.

Bereits im Alter von 18 Jahren gründete Shakira die „Barfuß-Stiftung". Ein großer Teil ihrer Einkünfte gingen seitdem in diese Organisation. In ihrer Heimatstadt Barranquilla und anderen Städten Kolumbiens hat sie insgesamt fünf Schulen errichtet, in denen mehr als 2600 Kinder betreut und gefördert werden. Im Jahre 2006 wurde Shakira deshalb zur UNICEF-Botschafterin ernannt, ein Titel, der ihr Engagement deutlich macht.

Außer für ihre Stiftung hat Shakira sich in vielen Wohltätigkeitskonzerten, Spenden für akute Katastrophenhilfe und Beteiligungen an sozialen Projekten von anderen Prominenten hervorgetan, weit stärker als von anderen Musikstars ihrer Generation üblich.

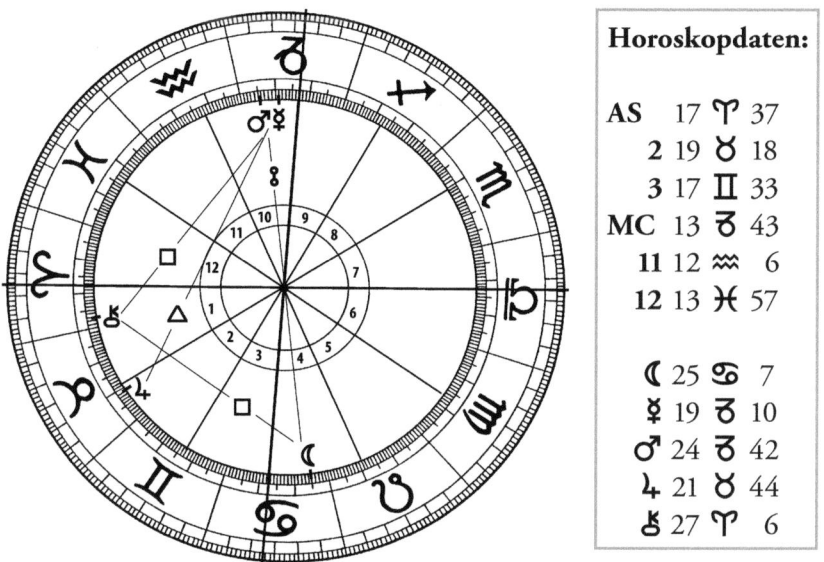

Horoskopdaten:

AS   17 ♈ 37

2   19 ♉ 18

3   17 ♊ 33

MC   13 ♑ 43

11   12 ♒ 6

12   13 ♓ 57

☽ 25 ♋ 7

☿ 19 ♑ 10

♂ 24 ♑ 42

♃ 21 ♉ 44

⚷ 27 ♈ 6

Das Horoskop zeigt Chiron im 1. Haus im Leistungsquadrat zum Mond und einer Mars-Merkur-Konjunktion.

Diese Konstellation bestätigt das zuvor Beschriebene. Im 10. Haus, dem Haus des direkt erziehenden Elternteils, stehen Mars und Merkur im Steinbockzeichen. Sie charakterisieren einen Vater (Mars), der sich schriftstellerisch (Merkur) betätigt. Planeten und Zeichen deuten auf eine weniger gefühlsmäßige als intellektuelle Förderung hin.

Im 4. Haus, dem Haus des indirekt erziehenden Elternteils, steht der Mond als Symbol der Mutter. Zwar steht er in seinem eigenen Zeichen – Krebs – aber in Opposition zu den den Vater symbolisierenden Planeten und im Quadrat zu Chiron. Zu Shakiras Sonne besteht keine Verbindung, deshalb ist sie hier auch nicht eingezeichnet.

Das Aspektbild zeigt, dass die Mutter zwar in irgendeiner Weise fürsorglich ist, aber offensichtlich nicht für ihre Tochter. Die Opposition deutet auf eine permanente Spannung, auf Widersprüche zwischen Vater und Mutter, die die Tochter als persönliche Zurückweisung empfunden hat.

Die charismatische Auflösung ist durch den Reichtum symbolisierenden Jupiter im 2. Haus möglich. Shakira setzt ihr Geld dafür ein, dass andere (Kinder) eine Lebenssicherheit erlangen, die sie offensichtlich vermisst hat.

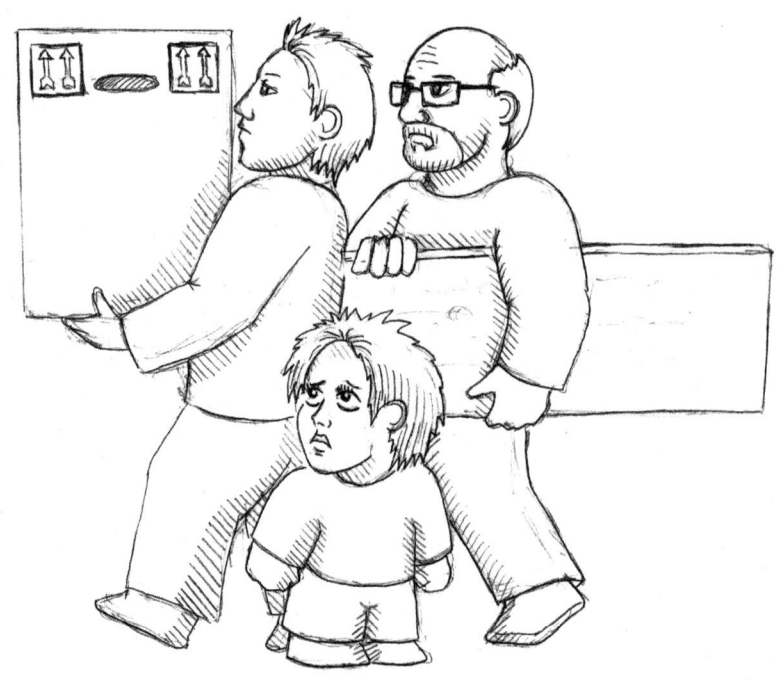

Zweites Haus

Das Thema:
2 - 5 Jahre: Ich darf mich nicht verwurzeln, wie ich will, nichts Eigenes haben

Nach meiner Hypothese müsste die Zurückweisung in diesem Fall im Alter von 2-5 Jahren stattgefunden haben – dass man sich direkt erinnert, ist unwahrscheinlich.

Vielleicht gibt es noch Erzählungen, wie das Leben damals abgelaufen ist. Interessant wären: Häufiger Wohnungswechsel, Heimwechsel oder Ähnliches.

Im zweiten Haus geht es nach Döbereiner um die materielle Verwurzelung in der physischen Umgebung. Dies geschieht einerseit durch Erlebnisse der Umwelt als stabilem Faktor: Gerüche, Licht, Räume und Personen lassen erkennen, wo man hingehört. Andererseits wird tatsächlicher Besitz wie z.B. Spielzeug als Eigenes erkannt. Solche Erfahrungen vermitteln eine lebenslange vitale Sicherheit.

Eine Zurückweisung in diesem Bereich führt zu stärkerem Misstrauen in Bezug auf die Stabilität der Umwelt: Dessen, was man sich nicht sicher ist, muss man sich immer wieder neu versichern. Sie kann auch im negativen Fall fortdauernde Unsicherheit in Bezug auf Geld und Besitz nach sich ziehen.

Wer jedoch gelernt hat, mit einer geringen Bindung an eine konkrete Umgebung auszukommen, hat kein Problem mit der in unserer modernen Gesellschaft häufig geforderten Mobilität.

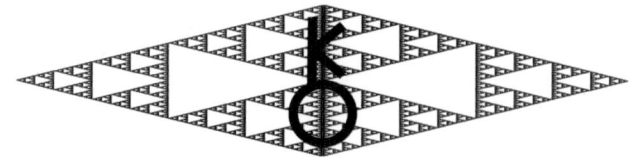

Erste Geschichte zum 2. Haus: Einzelkämpfer

Die folgende Geschichte wurde mir von einem Astrologen zugeschickt, der sich auch in der Weiterentwicklung astrologischer Techniken einen Namen gemacht hat:

Louis erzählte:

„Bei mir geschah das Zurückweisungstrauma im Alter von etwa 25 Monaten: Wie mir meine Mutter Jahre später berichtete, bekam ich in dieser Zeit schwere Krampfanfälle und musste punktiert werden und auch eine Zeitlang von der Mutter entfernt im Krankenhaus bleiben. Man kann sich vorstellen, was diese Schmerzen und die vorübergehende Trennung von der Mutter für einen Säugling bedeuten. Zwar blieben später keine sichtbaren Folgen übrig, aber seelisch hat sich das sicherlich ganz entscheidend auf mein Leben ausgewirkt. Denn ich war immer schon eher ein Einzelgänger und Individualist. Auch habe ich häufig meinen Wohnort, Wohnungen und meine berufliche Tätigkeit gewechselt.

Zwar bin ich am Ende dann doch in einem sicheren Beamtenberuf hängengeblieben, aber ich habe auch künstlerisch-literarisch gearbeitet und mich seit vielen Jahren auch mit Astrologie und Esoterik beschäftigt. Sicherlich ist das alles eine Entwicklung, die aus dem kindlichen Zurückweisungstrauma mit erklärlich ist.

Tatsächlich hat die Wirkung, die Chiron zeitigt, ursprünglich immer mit der Metapher einer Zurückweisung zu tun. Allerdings kann daraus auch häufig eine positive Entwicklung in Gang gesetzt werden, meistens eine extreme Form von Individualismus und eigenständiger Persönlichkeit."

Bei Louis zeigte sich diese von ihm selbst genannte positive Entwicklung darin, dass er eine neue Berechnungsmethode fand. Mit dieser kann die altersmäßige Zuordnung der Persönlichkeitsentwicklung zu den Horoskop-Elementen ermittelt werden.

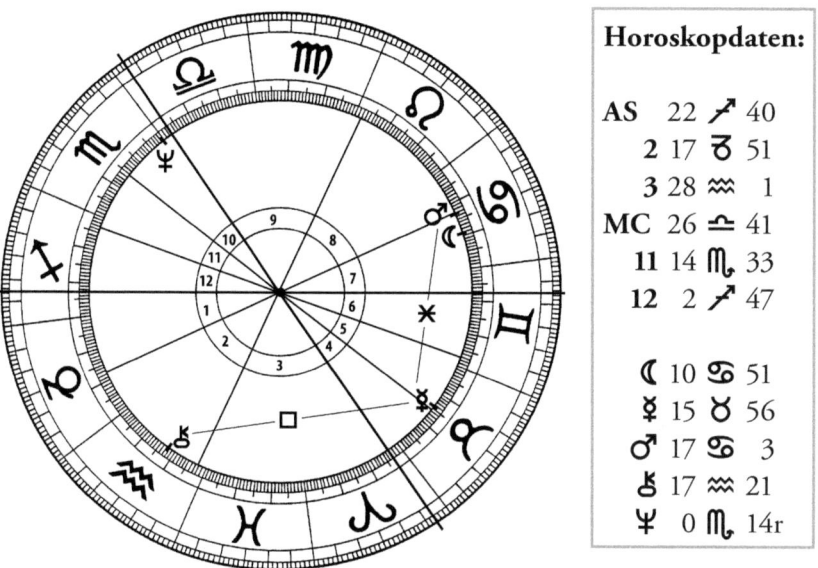

Horoskopdaten:

AS 22 ♐ 40
2 17 ♑ 51
3 28 ♒ 1
MC 26 ♎ 41
11 14 ♏ 33
12 2 ♐ 47

☽ 10 ♋ 51
☿ 15 ♉ 56
♂ 17 ♋ 3
⚷ 17 ♒ 21
♆ 0 ♏ 14r

Das Horoskop zeigt Chiron im 2. Haus im Quadrat zu Merkur an der Spitze des 5. Hauses. Die ständige Spannung, die in einem solchen Aspekt angezeigt wird, kann durchaus auf körperlicher Ebene Krampfanfälle bedeuten. Dass diese später verschwunden sind, zeigt an, dass die in einem solchen Aspekt enthaltene Energie nicht mehr aufgestaut, sondern kreativ (5. Haus) genutzt wird. Wie der Horoskopeigner selbst schon bemerkte, steht das kreative Engagement in direkter Verbindung mit dem kindlichen Zurückweisungstrauma.

Die geschilderte Unsicherheit in der beruflichen Entwicklung steht nach diesem Geburtsbild allerdings nicht mit Chiron in Verbindung, sondern wird durch den unaspektierten Neptun im 10. Haus, nahe am MC darge-stellt. Dieser Planet ist aber gleichzeitig auch Signifikator für eine künst-lerisch-esoterische Tätigkeit als Berufung.

Das Sextil von Merkur zur Mond-Mars-Konjunktion im Krebs an der Spitze des 8. Hauses deutet auf eine chariamatische Auflösungsmöglich-keit in Richtung auf eine vertragsgebundene (8. Haus) fürsorgliche Tätig-keit, die jedoch eine individuelle Gestaltung der Arbeit gestattet.

Als einerseits als Beamter, andererseits als Astrologe kreativ Tätiger hat Louis dies verwirklicht.

Zweite Geschichte zum 2. Haus: Geldprobleme

Es folgt die Geschichte einer Frau, die es viele Jahre nicht geschafft hat, aus dem Zustand des Verletztseins herauszukommen.

Melda schrieb:

„Meine frühe Kindheit mit Zurückweisungen nach Ihrer Beschreibung? Was ich weiß ist, dass ich dauernd wechselnde Kindermädchen hatte, weil meine Mutter einen Kiosk führte. Ich hatte auch kein eigenes Zimmer, obwohl ich dieses Schicksal wohl mit vielen Nachkriegskindern teile. Das alles wiederum sehe ich aber nicht so direkt im Zusammenhang mit den vermuteten Ereignissen. Fehlende Existenzbasis ist und war immer mein Trauma! Auch während einer Ehe mit einem sog. Großverdiener.

Jetzt erst, nach meiner Chiron-Wiederkehr bauen sich langsam Entwicklungen auf, daß ich endlich eine Chance bekomme, wirklich meine eigene wirtschaftliche Basis bilden zu können.

Obwohl ich über 25 Jahre wirtschaftlich gut gelebt hatte, bin ich völlig pleite. Viele, die mich kannten, können es überhaupt nicht nachvollziehen, dass sich z.B. mein Ex-Mann vollkommen aus der Unterhaltpflicht „rausgestohlen" hat als Selbständiger. Alle Jobs, die ich hatte, auch während der Ehe, brachten nie das mir zustehende Geld ein. Irgendwie war ich immer unterbezahlt oder hatte sogar draufbezahlt.

Mittlerweile konnte ich es integrieren, dass alle Entwicklungen nur zu diesem für mich wichtigen Ziel hinführen: Endlich sich selbst ernähren und autonom existieren zu können!"

Diese Geschichte zeigt deutlich, dass die durch Chiron symbolisierte Zurückweisung ein sehr subjektives Erlebnis ist: Natürlich hatten Tausende von Kindern in den 50er Jahren des letzten Jahrhunderts kein eigenes Zimmer. Wer aber erinnert sich mit über 50 Jahren noch daran als wichtigem Faktor in der frühen Kindheit?

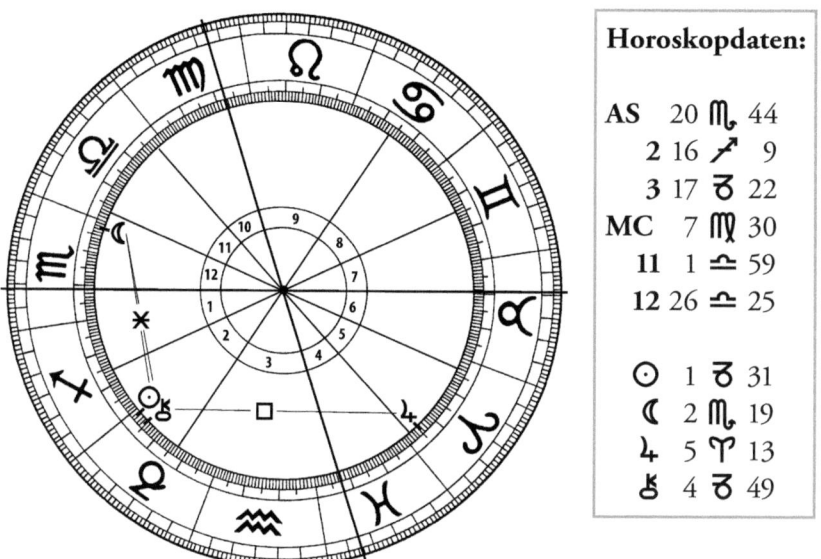

Horoskopdaten:		
AS	20 ♏ 44	
2	16 ♐ 9	
3	17 ♑ 22	
MC	7 ♍ 30	
11	1 ♎ 59	
12	26 ♎ 25	
☉	1 ♑ 31	
☽	2 ♏ 19	
♃	5 ♈ 13	
⚷	4 ♑ 49	

Das Horoskop zeigt eine Sonne-Chiron-Konjunktion im 2. Haus. Die Sonne in dieser Hausposition macht deutlich, wie wichtig dieser Frau stabile materielle Verhältnisse sein müssen. Dieses Bedürfnis ist jedoch blockiert, wie deutlich an dem Quadrat zum Jupiter im Widder zu erkennen ist.

Jupiter symbolisiert die Entfaltung der Perönlichkeit. Im kardinalen Feuerzeichen Widder hat er eine starke Stellung, stärker als die Sonne im Steinbock. Materielles Sicherheitsbedürfnis und dynamische Entfaltung der Persönlichkeit blockieren sich demnach in diesem Aspektbild gegenseitig.

In Meldas Horoskop ist also deutlich angezeigt, warum eine Integration und Weiterentwicklung des Chiron-Traumas so schwierig ist, dass es bis über ihren 50. Geburtstag hinaus nicht gelang.

Ein wenig Mut macht das Sextil zum Mond im 12. Haus im Skorpion. Der Mond ist Signifikator für Empathie und mitfühlendes Handeln. Das 12. Haus wird „geschlossenen" Einrichtungen wie Gefängnissen, Kliniken und Behörden zugeordnet. Das Zeichen Skorpion gehört auch zu den Heilberufen. Nach dieser Konstellation könnte eine Tätigkeit in einer Klinik am Ende die Erfüllung von Meldas Sehnsucht nach Sicherheit und Stabilität erfüllen. Darauf weist auch das MC in der Jungfrau, dem traditionellen Heiler-Zeichen hin.

Dritte Geschichte zum 2. Haus: Skeptiker

Diese Geschichte stammt von jemandem, der der Astrologie äußerst skeptisch gegenüber steht. Da er sie eher für Humbug hält, gab er anstandslos seine Geburtsdaten weiter, aus denen eine Chironposition im 2. Haus hervorgeht. Obwohl er versprochen hatte, eine Geschichte dazu zu erzählen, kam sie erst nach erneuter Nachfrage.

> Frage:
>   „Gab es bei dir im Alter von 2-5 Jahren häufigen Wohnungswechsel, Heimwechsel oder Ähnliches?"
> Dankwarts Antwort:
>   „Hmm … ich hab jetzt endlich mal nachgefragt … weiß auch nicht, weshalb ich das nicht früher gemacht habe … sorry … (vielleicht hatte ich Angst, es würde stimmen??)
>   Also, die Antwort ist eigentlich schon geschehen: Nein. Das Einzige, was stimmt, ist, dass wir häufig (vier mal in meinen ersten drei Jahren) umgezogen sind. Sonst eigentlich nichts. (Wäre auch unlogisch, zumal ich nichts davon merke. Ich bin im Gymnasium, genieße meine Freizeit wie selten Andere und bin gut in der Schule wie andere mit meinem Freizeitniveau selten … oder anders: Carpe Diem.).
>   Vielleicht wars auch das, weshalb ich lange nicht zurückgeschrieben habe: Die Angst, zu ‚beweisen', dass es stimmt … gibts schließlich auch, und neue Theorien sind schön …"

Als Dankwart dies schrieb, war er 18 Jahre alt. Offensichtlich verstellte ihm seine ablehnende Haltung gegenüber der Astrologie die Erkenntnis, was er selbst schreibt.

Inzwischen steht er der Lebensmitte näher und seine Lebensumstände haben sich radikal geändert. Obwohl er aus einer mitteleuropäischen grünen Hügellandschaft stammt, ist er in einer afrikanischen Stadt am Rande einer Wüste heimisch geworden. Er betreut dort die technische Ausstattung eines Bildungsinstituts und ist selbst aktiv geworden, Sponsoren zu finden und finanzielle Mittel dafür zu sammeln.

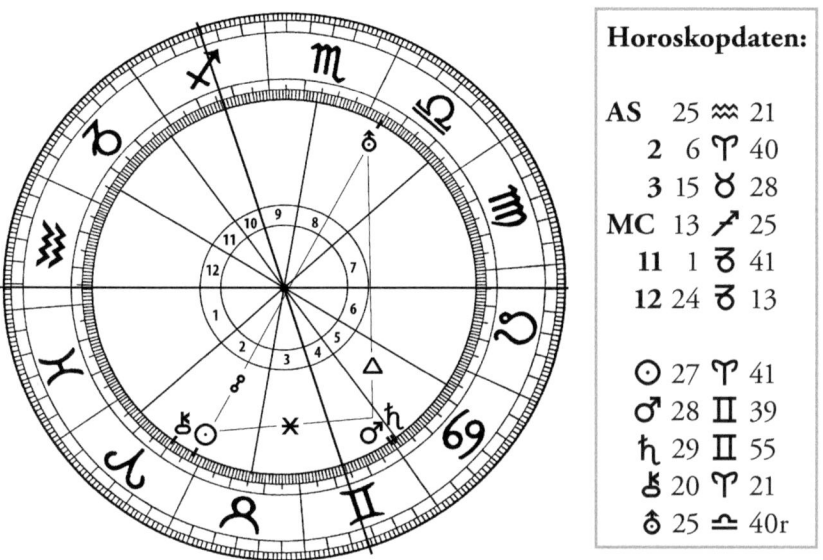

Horoskopdaten:

AS	25	♒	21
2	6	♈	40
3	15	♉	28
MC	13	♐	25
11	1	♑	41
12	24	♑	13
☉	27	♈	41
♂	28	♊	39
♄	29	♊	55
⚷	20	♈	21
♅	25	♎	40r

Auf den ersten Blick scheint dieses Horoskop dem vorigen zu gleichen. Aber der Abstand von mehr als 7° zwischen Sonne und Chiron ist zu weit für eine Konjunktion. Nur wenn die Halbsumme zwischen diesen beiden angesprochen ist, wirken sie zusammen.

Chiron im 2. Haus hat also als unaspektiert zu gelten. Er ist Signifikator für eine traumatische Zurückweisung in Bezug auf die frühkindliche Verwurzelung in einer bestimmten Umgebung, aber wie Dankwart es selbst konstatierte, ohne negative Beziehung zu einem anderen Horoskopfaktor.

Beherrscht wird das Horoskop durch die Opposition zwischen Sonne und Uranus, die über ein Trigon und ein Sextil zur Mars-Saturn-Konjunktion an der Spitze des 5. Hauses entspannt ist.

Sowohl diese Opposition als auch die Konjunktion deuten auf ein hohes Maß an psychischer Energie, die in den Luftzeichen Zwilling und Waage auf intellektuellem Gebiet realisiert wird. Die Beteiligung der Sonne als Persönlichkeitskern an dieser Figur zeigt an, dass es sich um ein im innersten Wesen des Horoskopeigner verankertes Engagement handelt.

Auch wenn Dankwart nichts von Astrologie hält – seine Schilderung und sein Geburtshoroskop bilden aufs deutlichste seine persönliche Entwicklung und deren Ursachen ab.

Prominentengeschichte zum 2. Haus : Juan Carlos I.

Der regierende spanische König wurde als Juan Carlos Alfonso Víctor María de Borbón y Borbón-Dos Sicilias im römischen Exil geboren. Er ist der Enkel von König Alfons XIII. von Spanien, der 1931 sein Land verlassen hatte, ohne jedoch abzudanken. Da er immer damit rechnete, auf den Thron zurückzukehren, wurde die Familie zunächst nirgends sesshaft.

Als Juan Carlos drei Jahre alt war, starb der Großvater, sein Vater wurde Thronprätendant und die Familie übersiedelte nach Estoril in Portugal. Aber auch dort blieb Juan Carlos nicht dauerhaft, denn die Primarschulzeit verbrachte er in einem Schweizer Internat. Bereits mit zehn Jahren, nachdem sein Vater sich mit Franco darauf geeinigt hatte, dass Juan Carlos der zukünftige König sein solle, verließ er seine Familie außer für Ferienaufenthalte endgültig, um in Spanien für seine Herrscherrolle erzogen zu werden.

Als Juan Carlos 1975 nach dem Tod des Diktators Franco zum spanischen König erklärt wurde, wurde er zunächst von der Weltöffentlichkeit äußerst misstrauisch betrachtet. Er galt als „Ziehsohn" von Franco und es wurde durchaus spekuliert, in wieweit er die Militärdiktatur fortsetzen würde.

Aber es kam ganz anders. Bereits in seiner Thronrede betonte er das Primat der demokratischen Verfassung. Er sah sich als „König aller Spanier, Wächter der Verfassung und Kämpfer für die Gerechtigkeit". Obwohl die verbliebenen francinistischen Kräfte stark waren, betrieb er mit allen Mitteln die Errichtung einer demokratischen konstitutionellen Monarchie. Dies wurde umso glaubwürdiger, als ein Umsturzversuch 1981 am entschlossenen Auftreten des spanischen Königs scheiterte, der in seiner Rolle als Oberbefehlshaber der Streitkräfte in einer in Uniform gehaltenen Fernsehansprache sechs Stunden nach Beginn des Putschversuchs die Armeeangehörigen in die Kasernen zurückbefahl und sich eindeutig für den Demokratieprozess und die spanische Verfassung aussprach.

In der Folgezeit entstand in Spanien nicht nur eine stabile Demokratie, sondern durch eine gute Mischung von Regionalisierung und Gemeinsamkeiten auch ein spanisches Volksbewusstsein, das die in verschiedenen Landesteilen noch vorhandenen Separatisten weitgehend isolierte. Juan Carlos als König aller Spanier hat seinem Volk eine gemeinsame Identität ohne diktatorischen Druck zurückgegeben.

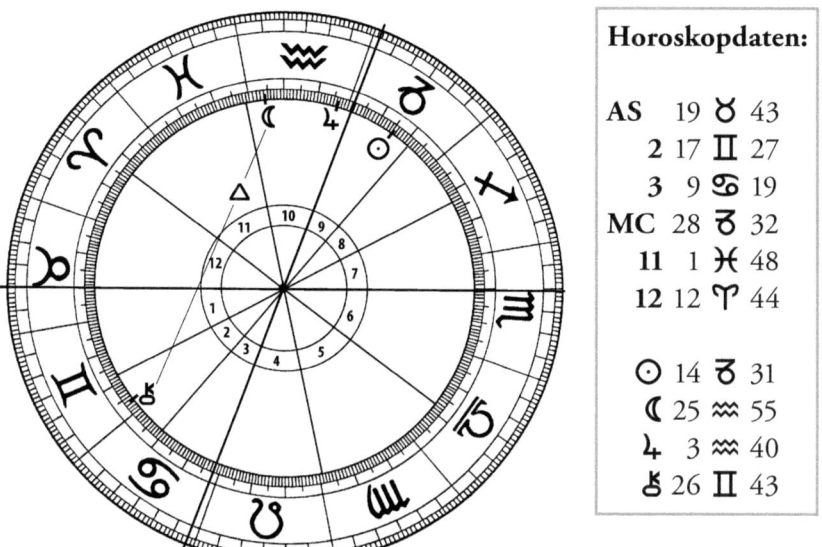

Horoskopdaten:

AS	19	♉	43
2	17	♊	27
3	9	♋	19
MC	28	♑	32
11	1	♓	48
12	12	♈	44
☉	14	♑	31
☽	25	♒	55
♃	3	♒	40
⚷	26	♊	43

Entsprechend den klassischen Regeln ist das Horoskop eines Königs immer auch als Mundanhoroskop zu deuten, d.h. die Sonne steht für Herrschaft, der Mond für das (beherrschte) Volk.

Im Horoskop von Juan Carlos steht Chiron im 2. Haus, was auf eine Zurückweisung in diesem Bereich deutet. Als Ereignis ist damit der Umzug von Italien nach Portugal zu sehen.

Aber das Trigon zum Mond demonstriert, dass hier auch der Grund für seine enge Verbindung zu seinem Volk zu sehen ist. Der Mond symbolisiert nicht nur dieses, sondern als Herrscher des IC auch das Zuhause und die Sippenherkunft. Damit ist im Horoskop doppelt wiedergespiegelt, wem sich Juan Carlos in seinem öffentlichen Handeln (10. Haus) verpflichtet fühlt.

Die unaspektierte Sonne im 9. Haus zeigt an, dass er seine Herrschaft als König immer als etwas Ideelles gesehen hat und nicht als Ausübung konkreter Macht. Das Steinbockzeichen, in dem Sonne und MC stehen, ist Signifikator für Rechtschaffenheit und Solidität. Jupiter im 10. Haus im Wassermann deutet auf Erneuerung als einer Lebensaufgabe, in der der Horoskopeigner sich selbst verwirklichen kann.

Juan Carlos hat es verstanden, spanisches Nationalbewusstsein, tradierte Werte und eine moderne Weiterentwicklung der Gesellschaft in Einklang zu bringen.

Drittes Haus

Das Thema:
4 - 6 Jahre: Ich darf nicht kommunizieren, wie ich will

Nach meiner Hypothese besagt diese Chiron-Position, dass eine traumatische Zurückweisung im Alter von 4-6 Jahren stattgefunden hat.

Könnte es sein, dass du dich sehr auf die Schule gefreut hast, aber dann nur Misserfolge, Begrenzung und Ablehnung erfuhrst? Allen anderen Kindern machte es Spaß, aber du warst nur frustriert. Dies könntest du auch als eine Art Behinderung empfunden haben.

Ein Zusammenhang kann auch mit Geschwistern bestehen, die (vermeintlich oder wirklich) vorgezogen wurden.

Das dritte Haus ist die Bühne für Kommunikation, Geschwister und Gleichaltrige und das erste Lernen, sei es im Kindergarten oder in der Grundschule. Auch die grundsätzlichen Fertigkeiten im Lesen und Schreiben werden diesem Haus zugeordnet.

Dabei haben sich mit den gesellschaftlichen Verhältnissen die Gewichtungen verschoben: Waren früher die Geschwister die wichtigsten ersten Kommunikationspartner, sind es in Zeiten der Kleinfamilie eher die anderen Kinder im Kindergarten.

Beeinträchtigungen in diesem Bereich wiegen in einer modernen Kommunikationsgesellschaft besonders schwer.

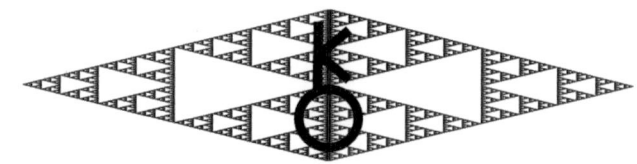

Erste Geschichte zum 3. Haus: Geschwisterärger

Winfried ist ein guter Bekannter, der der Astrologie wohlwollend gegenüber steht. Deshalb hatte er keine Probleme, seine Geburtsdaten herauszugeben. Mit der möglichen Bedeutung der Chiron-Position in seinem Horoskop konfrontiert, war die erste Reaktion allerdings: „Nein, da war nichts in dieser Richtung!"

Zwei Tage später kam er mit folgender Geschichte:

> Winfried erzählt:
>
> „Ich habe noch einmal nachgedacht. Und da war natürlich doch etwas … Mein zwei Jahre jüngerer Bruder lernte viel schneller sprechen als ich. Besonders im Alter von 4 oder 5 Jahren hat es mich schrecklich geärgert, dass die Leute immer nur mit ihm redeten, wenn wir irgendwohin gingen, auf Besuch bei der Verwandtschaft zum Beispiel.
>
> Ich fühlte mich wirklich zurückgesetzt und das hat mich eigentlich bis zum Abitur verfolgt . . ."

Dass eine traumatische Verletzung gut verdrängt wird und nicht gleich im Gedächtnis verfügbar ist, ist nichts Besonderes. Schön ist, dass diese Geschichte dann doch noch ans Tageslicht kam.

Winfried hat viel aus seiner Zurückweisung gemacht: Zunächst wurde er Deutschlehrer. Aber dabei blieb er nicht stehen.

Er baute eine Theatergruppe an seiner Schule auf, die regelmäßig Stücke einübte und aufführte. Auch bei regionalen und überregionalen Schultheatertagen war er mit seinen Inszenierungen vertreten.

Besonders wichtig war ihm, nicht nur klassische Dramen aufzuführen. Er entwickelte seinen Stil weiter in Richtung „Darstellendes Spiel" und erfand mit seinen Schülerinnen und Schülern experimentelle Stücke, die großen Anklang fanden. Da er an einer Schule mit hohem Migrantenanteil arbeitete, war ihm die Einbeziehung aller interessierten Kinder wichtig.

Als jemand, der in seiner Sprechfähigkeit zurückgewiesen wurde, hat er Kindern die Möglichkeit gegeben, sich mit Sprache hervorzutun.

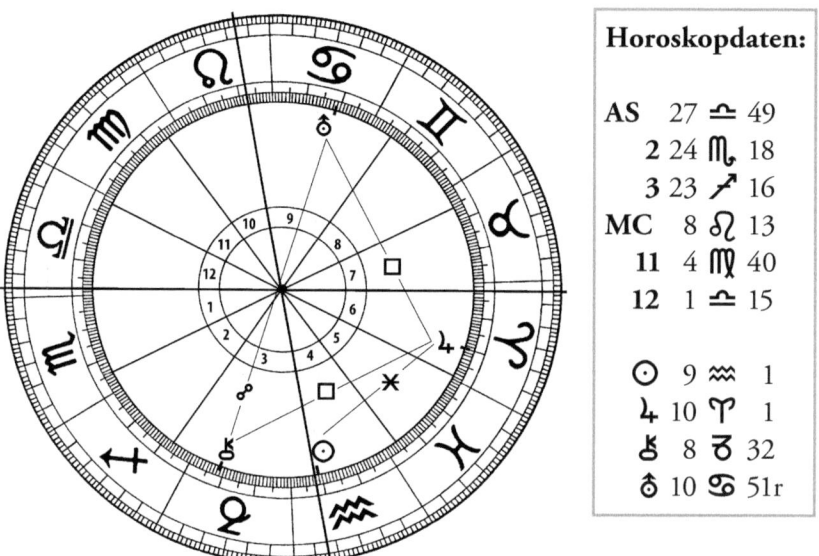

Horoskopdaten:

AS 27 ♎ 49
2 24 ♏ 18
3 23 ♐ 16
MC 8 ♌ 13
11 4 ♍ 40
12 1 ♎ 15

☉ 9 ♒ 1
♃ 10 ♈ 1
♅ 8 ♋ 32
☌ 10 ♋ 51r

In Winfrieds Horoskop steht Chiron im 3. Haus im Steinbock im Quadrat zum Jupiter im Widder und in Oppositions zum Uranus im Krebs. Diese drei Himmelskörper bilden also das bereits bekannte Leistungsquadrat.

Jupiter im Feuerzeichen Widder hat dabei die stärkste Stellung; das bedeutet, dass diese Horoskopfigur maßgeblich mit der Entfaltung von Winfrieds Persönlichkeit in Verbindung steht. Uranus im Krebs signalisiert, dass hierbei Kinder eine Rolle spielen, seine Position im 9. Haus markiert die Realisierung im Bereich der höheren Bildung und gesellschaftlichen Kultur, wozu Theater unbedingt gezählt werden kann. Die Zurückweisung im Haus der Kommunikation wird mit der Energie, die von den Spannungsaspekten angezeigt wird, in außergewöhnliche kulturelle Aktivitäten transformiert.

Das Sextil zwischen Sonne und Jupiter macht deutlich, dass – ungeachtet wie revolutionär das uranische Element auch sein mag – die Herkunft und Einbindung in tradierte Strukturen wichtig für Winfrieds persönliche Entwicklung sind. Beides ist sowohl durch sein Germanistikstudium als auch seinen Status als Lehrer gegeben.

Winfried hat erreicht, aus einer traumatischen Verletzung eine besondere Lebensaufgabe zu machen.

Zweite Geschichte zum 3. Haus: Dolmetscherin

Die folgende Geschichte erreichte mich aus dem europäischen Ausland.

> Sira schrieb:
>
> „Ich habe immer das Gefühl gehabt, dass es für mich problematisch ist zu kommunizieren. Es war schmerzhaft, wie man mich oft nicht gehört hat, obwohl ich etwas sagte. Manchmal war es so schmerzhaft, dass ich gar nicht mehr geredet habe, weil man mich doch nicht wahrgenommen hat.
>
> Besonders schlimm war das, als meine Mutter mich im Alter von 4 Jahren in den Kindergarten gebracht hat. Da war ich sofort krank vor Elend, verschloss mich und verweigerte Essen und Trinken dort.
>
> Demgegenüber war die Schule – ab 6 1/2 Jahre – die größte Überraschung, ich war absolut begeistert davon!
>
> Zu meinen besonderen Neigungen gehören Fremdsprachen, ich bin Übersetzerin und Dolmetscherin für Englisch, Niederländisch, Französisch, Russisch und Spanisch.
>
> Seit der Chiron-Wiederkehr, an der ich taggenau wieder mit meinem Kommunikationsproblem konfrontiert wurde, versuche ich gezielt dafür zu sorgen, dass ich auch im privaten Bereich gehört werde, wenn ich etwas sage. Dies gelingt mir stets besser."

Als Nachtrag ist zu bemerken, dass Sira auch soviel Deutsch versteht und schreiben kann, dass sie die Texte zu Chiron im Internet lesen und mir ihre Geschichte schicken konnte.

Sira hat ihre Zurückweisung durch die Wahl ihres Berufs kompensiert: Einer Dolmetscherin muss zugehört werden.

Allerdings sind es noch nicht ihre eigenen Botschaften, die auf diese Weise kommuniziert werden. Aber offensichtlich hat die Erkenntnis ihres Problems, auch mit Hilfe der Astrologie, dazu geführt, dass Sira mehr und mehr die Fähigkeit entwickelt, sich anderen verständlich zu machen. Zumindest in ihrer Geschichte für dieses Buch ist ihr das gelungen.

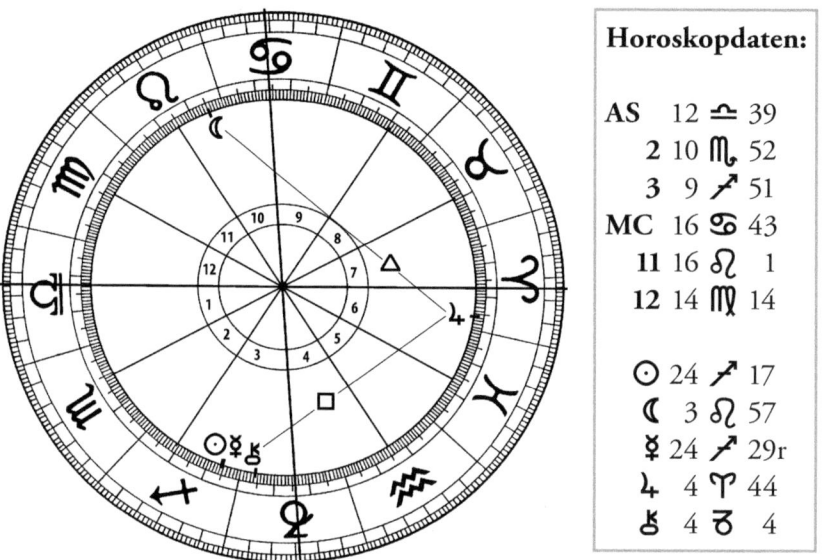

Horoskopdaten:

AS	12	♎	39
2	10	♏	52
3	9	♐	51
MC	16	♋	43
11	16	♌	1
12	14	♍	14

☉	24	♐	17
☽	3	♌	57
☿	24	♐	29r
♃	4	♈	44
⚷	4	♑	4

Siras Chiron im 3. Haus steht im Quadrat zum Jupiter im Widder. Die daraus resultierende Spannung liefert die Energie für das Trigon zum Mond im Berufshaus. Das Horoskop zeigt, dass die chironische Zurückweisung im Bereich Kommunikation dadurch zur Entfaltung der Persönlichkeit beitragen kann, dass ein harmonischer Ausgleich im Beruf gefunden wird. Die Beteiligung von Jupiter stellt die Verbindung zu Fremdsprachen her. Dies ist ein exakter Spiegel von Siras Geschichte.

Wichtig für die Gesamtbetrachtung ist noch die Sonne-Merkur-Konjunktion im Schützen, gleichfalls im 3. Haus. Die Merkurstellung weniger als 12 Bogenminuten von der Sonne heißt *Cazimi* – ‚im Herzen der Sonne‘. Sie bedeutet eine enorme Verstärkung des Merkurprinzips für die Horoskopeignerin. Kommunizieren, Sprechen und Sprachenlernen ist nach diesem Aspektbild für ihre Persönlichkeit von fundamentaler Bedeutung, eine Blockade kann tatsächlich schwere Störungen hervorrufen.

Sira hat nach ihrer Schilderung die Möglichkeiten, die in ihrem Horoskop aufgezeigt sind, optimal genutzt, indem sie ihren Neigungen zu Fremdsprachen nachging. Zum endgültigen Erfolg hat nicht zuletzt beigetragen, dass sie sich mit Astrologie befasst hat und hier Anregungen bekam, in welcher Weise ihre Kommunikationsprobleme gelöst werden können.

Dritte Geschichte zum 3. Haus: Ab ins Internat

Auch die Erzählerin der folgenden Geschichte, Lis, kommt aus dem Ausland, einem Land, in dem die Grundschule mit 5 Jahren beginnt.

Lis erzählte:

„Schlechte Augen hatte ich schon immer, aber so lange ich zuhause war, gab es keine Probleme, denn die Sehschwäche war in meiner Familie erblich, meine Eltern konnten gut damit umgehen und brachten uns Kindern bei, wie man damit den Alltag meistert.

Erst als ich in die Schule kam, gab es Probleme. Ich musste einen Extratisch direkt vor der Tafel haben und manchmal bin ich auch aufgestanden, um zu lesen, was da stand. Die Lehrerin war davon ziemlich genervt und ließ mich das auch spüren. Dann überzeugte sie meine Eltern, mich in ein Internat für Sehbehinderte zu schicken, was auch geschah.

Mit weniger als sechs Jahren musste ich von daheim weg in ein von Pietisten geführtes Internat. Dort war alles ganz anders als bei meinen freigeistigen Eltern. Statt Freundinnen lernte ich Mitschülerinnen als Hilfsaufsichten kennen. Es war eine sehr schwere Zeit.

Seitdem habe ich nur wenige direkte Freunde oder Freundinnen. Meistens kommuniziere ich über das Internet. Da spielen meine schlechten Augen keine Rolle. Obwohl ich zwölf Jahre lang diese Anstalt besuchte, habe ich kaum noch Kontakte zu Ehemaligen. Nur dieser, über den ich jetzt meine Geschichte erzähle, hat die Zeit überstanden.“

Lis' Geschichte ist erschütternd und man spürt, wie sehr sie die Zurückweisung in der Grundschule verletzt hat.

Aber sie hat aus ihrem Erlebnis etwas Besonderes gemacht: Trotz ihrer Behinderung hat sie studiert und wurde selbst Grundschullehrerin, was niemand für möglich gehalten hätte.

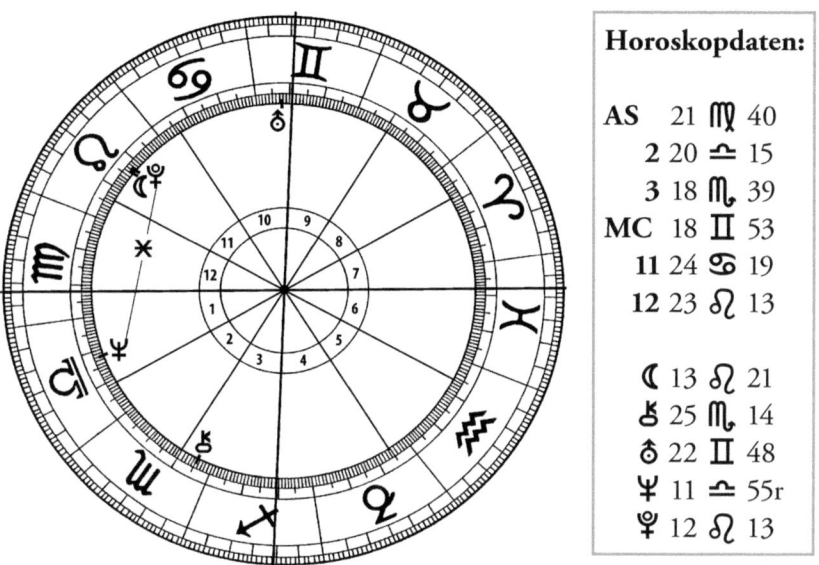

Horoskopdaten:

AS	21 ♍ 40
2	20 ♎ 15
3	18 ♏ 39
MC	18 ♊ 53
11	24 ♋ 19
12	23 ♌ 13

☽	13 ♌ 21
⚷	25 ♏ 14
♅	22 ♊ 48
♆	11 ♎ 55r
♇	12 ♌ 13

Wenn man das Horoskop von Lis betrachtet, fällt zuerst auf, dass Chiron und Uranus unaspektiert sind. Das gilt auch für alle anderen, hier nicht abgebildeten Horoskop-Faktoren.

Der Signifikator für das Augenlicht ist traditionell der Mond. Die Mond-Pluto-Konjunktion im 11. Haus beschreibt eine unheilbare Behinderung, die ein Augenarzt auch einmal „gesellschaftlich blind" genannt hat. Das Sextil zum Neptun eröffnet einen Ausweg in Richtung auf innere Bilder und Fantasiewelten, zeigt aber auch die Gefahren von Illusionen und Selbsttäuschung.

Der unaspektierte Chiron im 3. Haus beschreibt nicht nur die Zurückweisung als Kind, sondern ihren lebenslangen Rückzug vor direkter Kommunikation. Für Menschen wie Lis wurden Computer und elektronische Netze ein Segen: Hier kann sie Verbindungen mit vielen Menschen pflegen, ohne irgendeine Einschränkung und ohne eine Zurückweisung befürchten zu müssen.

Der Uranus in den Zwillingen am MC demonstriert, dass dies tatsächlich die ihr gemäße Form der Kommunikation ist. Lis hat über den Weg der elektronischen Medien die Verletzung durch Zurückweisung geheilt und sich so weltweite Kommunikation aufgebaut.

Prominentengeschichte zum 3. Haus: Heinrich Böll

Der Schriftsteller und Literaturnobelpreisträger Heinrich Böll hat zwei auto-biografische Texte hinterlassen, in denen er von seiner Kindheit erzählt. Als jüngstes Kind in einer Handwerkerfamilie waren es nicht seine Geschwis-ter – denen war er anscheinend zu jung – sondern Nachbarskinder mit denen er von klein an am liebsten spielte. Selbst als er „… noch zu klein, um Hüpfen zu spielen, doch groß genug, um Ball zu spielen"[1] war, ver-brachte er nach seiner Erzählung die Tage mit anderen Kindern spielend in Parks und auf der Straße

Trotz eines Umzugs setzte er dieses Leben fort. Sehr plastisch schildert er im Rückblick alle Spiele, die er mit seinen Kameradinnen und Kamera-den teilte: "Reifenschlagen als Wettlauf, … oder Reifenweitwurf oder -wei-terrollen. Und es gab da noch viele unvergessliche Spiele mehr."

Dann kam die Einschulung und damit der große Bruch: Bölls Eltern wollten ihrem Sohn etwas besonders Gutes tun und meldeten ihn nicht bei der staatlichen Schule an, in die alle anderen Kinder gingen, sondern bei einer katholischen Privatschule.

„… wir hatten nicht einmal den Schulweg gemeinsam, und gemeinsam zu spielen war nicht mehr die Regel, sondern die Ausnahme."

Da Böll seine Eltern zwar als gut katholisch, aber durchaus nicht fun-damentalistisch beschreibt, kann sich seine lebenslange Auseinanderset-zung mit der katholischen Kirche durchaus mit dieser Verletzung erklären. Obwohl er Schriftsteller wurde und das Schreiben ja in der Grundschule gelernt wird, berichtet er nichts Spezifisches über seine ersten Schuljahre.

Wenn auch in anderen Umständen – Nachkriegszeit, unvollständige Familien – so befassen sich doch sein 2. und 3. Roman (Haus ohne Hüter, Und sagte kein einziges Wort) mit Jungen in sozial isolierten Situationen. Auf diese Weise hat er offensichtlich sein Kindheitstrauma aufgearbeitet.

Besonders erfolgreich war die Arbeit dieser Grundschule wohl auch nicht. Dies kann man aus dem fast resignierenden Satz am Ende seiner Selbstdarstellung *Über mich selbst (1959)* erkennen:

„Schreiben wollte ich immer, versuchte es schon früh, fand aber die Worte erst später."

---

[1] Vormweg, S. 32f

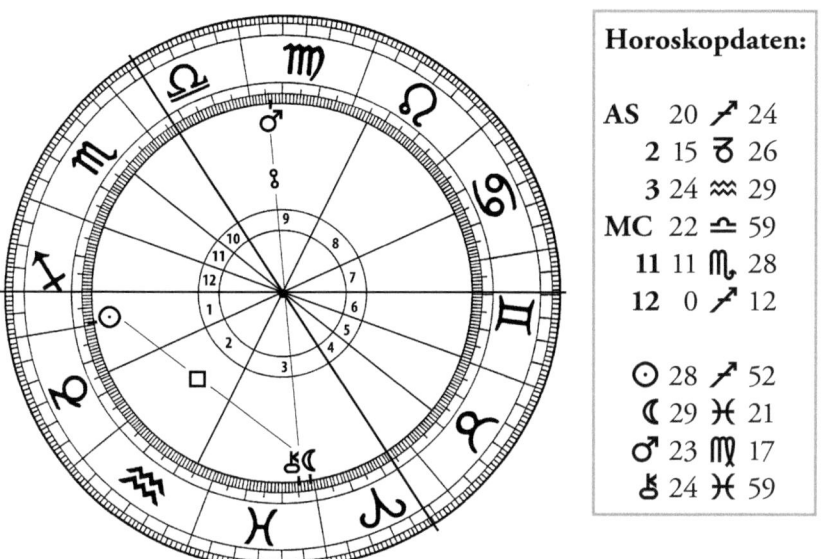

Horoskopdaten:

AS	20 ♐ 24
2	15 ♉ 26
3	24 ♒ 29
MC	22 ♎ 59
11	11 ♏ 28
12	0 ♐ 12
☉	28 ♐ 52
☾	29 ♓ 21
♂	23 ♍ 17
⚷	24 ♓ 59

Das Horoskop zeigt Chiron mitten im 3. Haus in Opposition zum Mars im 9. Haus und in einer weiten Konjunktion zum Mond.

Der Mars im Weltanschauungs-Haus zeigt Bölls lebenslanges Ringen in diesem Bereich. Die Opposition demonstriert sowohl die Verbindung zum Kommunikationshaus als auch den oftmals thematisierten Widerstreit.

Die Beteiligung des Mondes an der Aspektfigur macht deutlich (was auch in Interviews manchmal aufscheine), dass Böll seine Mutter mit der Anmeldung an der katholischen Privatschule und Trennung von den Spielkameraden in Verbindung brachte.

Eine besondere Schwierigkeit zeigt das Quadrat zur Sonne im 1. Haus. Einerseits ein Anzeiger für Bölls Bedürfnis, sich selbst in seiner schriftstellerischen Tätigkeit darzustellen, demonstriert es gleichzeitig die Hemmung, die ihm aus der chironischen Zurückweisung genau an diesem Punkt erwachsen ist.

Heinrich Böll hat, wie er es selbst ausdrückt, erst spät zu seiner Berufung als Schriftsteller gefunden, diese dann aber als Literaturnobelpreisträger überaus erfolgreich ausgeübt. Die kommunikative Zurückweisung in der Kinderzeit hat er transformiert und ist so zu einem der bedeutendsten Literaten des Nachkriegsdeutschland geworden.

Zweiter Quadrant

Die Häuser 4, 5 und 6 bilden den zweiten, den sogenannten seelischen Quadranten. Gefühle sind seine Welt und alles im Horoskop Abgebildete im Bereich der Psyche und des Gefühls zu suchen.

Viertes Haus

Das Thema:
5 - 7 Jahre: Ich darf kein stabiles Zuhause oder keinen zuverlässigen Vater* haben

Nach meiner Hypothese läßt diese Chiron-Position darauf schließen, dass ein Erlebnis in der Zeit des 5. bis 7. Lebensjahres den Eindruck hinterlassen hat, dass dein Vater oder deine Mutter dich ablehnt.

Dies kann auch der Verlust eines Elternteils durch Tod oder Scheidung sein, den du als persönliche Kränkung erfahren hast. („Alle Kinder haben einen Papa, aber meiner will mich nicht und geht deshalb weg")

* Es kann sich in besonderen Fällen auch um die Mutter handeln.

Das Immum Coeli (IC), mit dem das 4. Haus beginnt, ist der Punkt der Herkunft, der emotionalen Verankerung in einer Sippe und in einem Zuhause. Das Gefühl einer stabilen Einbettung in eine Familie erlaubt, unbeschwert Kind zu sein. Auch der indirekt erziehende Elternteil, dem gleichzeitig der größte Einfluss auf die innere Entwicklung beigelegt wird, ist dem 4. Haus zugeordnet.

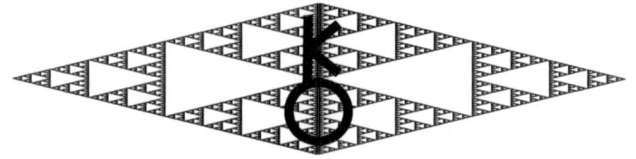

Erste Geschichte zum 4. Haus: Freiheit grenzenlos

Die folgende Geschichte zeigt, wie sich die Beurteilung von Lebensumständen rückblickend verändern kann:

> Wilbert erzählte:
>
> „Als ich ungefähr sechs Jahre alt war, übersiedelten wir aus der damaligen DDR in eine Stadt im südlichen Westdeutschland. Sobald wir uns hier niedergelassen hatten, gründeten meine Eltern ein Geschäft und waren von da an rund um die Uhr beschäftigt. So war ich meistens mir selbst überlassen. Es war die totale Freiheit! Tagelang stromerte ich durch unsere Stadt, erkundete alle Ecken und stellte so manchen Unfug an.
>
> Von da an hat es ein richtiges Familienleben für mich eigentlich nicht mehr gegeben."

Diese Geschichte und ihre nachträgliche Interpretation ist wiederum ein Beispiel, wie die durch Chiron angezeigte Verletzung verdrängt und im Rückblick beschönigt wird. Man kann sich nicht wirklich vorstellen, dass ein Sechsjähriger es positiv findet, wenn die Eltern plötzlich keine Zeit mehr haben, ein „Geschäft" für wichtiger halten als den eigenen Sohn.

Ein Hinweis, dass es an dieser Stelle durchaus etwas zu kompensieren gab, liefert Wilberts Berufswahl. Nach einem Studium als Sozialpädagoge arbeitete er mehr als zwanzig Jahre als Betreuer in einem Kinderhort. Das ist eine Einrichtung, in der Kinder im Grundschulalter betreut werden; sie bekommen nach der Schule ein Mittagessen, machen Hausaufgaben und spielen gemeinsam. In der Zeit, in der Wilbert dort arbeitete, waren es fast ausschließlich Frauen, die die Betreuung leisteten. Mit dem Hintergrund seiner Lebensgeschichte wird seine Berufswahl jedoch plausibel. Er hat in dieser Tätigkeit seinen Schützlingen offensichtlich gerade die Zuwendung zukommen lassen, die ihm im gleichen Alter gefehlt hat.

Allerdings ist er nicht dabei geblieben. Im Jahr 2004 gab er seinen Beruf auf und lebt seitdem als Privatgelehrter nur noch seinen Interessen von dem Besitz, den seine Eltern mit Hilfe ihres Geschäfts zusammengetragen haben.

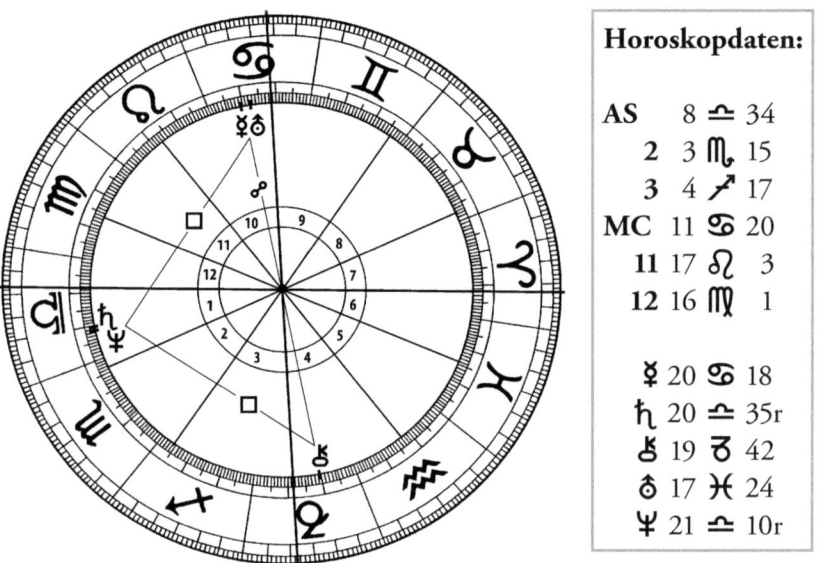

Horoskopdaten:

AS	8	♎	34
2	3	♏	15
3	4	♐	17
MC	11	♋	20
11	17	♌	3
12	16	♍	1
☿	20	♋	18
♄	20	♎	35r
⚷	19	♑	42
☊	17	♓	24
♆	21	♎	10r

In Wilberts Horoskop steht Chiron im Steinbock im 4. Haus. Er ist in ein Leistungsquadrat eingebunden. Die Opposition zum Merkur im Berufshaus zeigt an, dass seine Berufswahl auf jeden Fall von der durch Chiron dargestellten traumatischen Zurückweisung bestimmt war. Auch wenn das MC im Krebs grundsätzlich als Signifikator für Berufe des Betreuens und Versorgens angesehen werden kann, ist die spezielle Ausgestaltung in Form von Arbeit mit Grundschülern merkurisch betont.

Die sowohl von Chiron als auch von Merkur ausgehende Quadratur zur Saturn-Neptun-Konjunktion zeigt allerdings eine Verunsicherung im Bereich Autorität. Es lässt sich ablesen, dass Wilbert Probleme sowohl in der Anerkennung von ihm selbst vorgesetzten Autoritäten hat, als auch in der Darstellung einer klaren Rolle gegenüber seinen Schutzbefohlenen. Diese Aufgaben hat er offensichtlich nie lösen können, zumal die Rückläufigkeit von Saturn und Neptun die durch sie angezeigten Verhältnisse eher als verborgen unterminierend kennzeichnen.

Exakt mit der Chiron-Rückkehr hat Wilbert den Versuch aufgegeben, die Spannung des Leistungsdreiecks aktiv zu nutzen. Die Chance aus der Zurückweisung, die er als Kind erfahren hat und die durch Chiron in seinem Horoskop angezeigt ist, hat er nicht ergriffen.

Zweite Geschichte zum 4. Haus: Offene Wunde

Die folgende Geschichte wurde 2004 eingesandt.

> Annemarie schrieb:
> „Im Alter von 6-7 Jahren hatte ich meine erste Zurück-
> weisungs-Erfahrung, die mein Leben prägen sollte.
> Ich musste wegen des Berufs meines Vaters aus dem Para-
> dies (Bauernhaus meiner Grosseltern) ausziehen und wurde
> in die Stadt verpflanzt. Das Haus war die einzige wirkliche
> Heimat, das ich je hatte. Seitdem war meine Kindheit geprägt
> von Umzügen (alle väterlich beruflich bedingt), Sicherheit
> fehlte. Bis heute bin ich 16mal umgezogen.
> Nirgendwo fühle ich mich zuhause, ausser in dem Haus,
> in dem ich vier Jahre meiner Kindheit gewohnt habe (der
> Umzug dorthin war mit zwei Jahren). Es existiert noch und
> ist die Konstante meines Lebens.
> Ich habe mein Leben immer als Inbegriff der Unbehaust-
> heit erlebt, das verlorene Zuhause als offene Wunde, die nicht
> heilen mochte. Chiron ist für mich die verwundete Herkunft,
> die Familie, die keine Sicherheit geben kann."

Aus der Zuschrift geht hervor, dass Annemarie astrologische Kenntnisse
hat und ihr die Planetenstände in ihrem Horoskop nicht unbekannt sind.
Zum Zeitpunkt dieser Zuschrift war allerdings noch nicht zu erkennen,
in welche Richtung sie die von ihr benannte „offene Wunde" bearbeiten
oder transformieren wollte.

Inzwischen hat sie den Buddhismus als Religion und Lebensform angenommen. Damit hat sie sich natürlich noch stärker aus den Familientra-
ditionen entfernt.

Es kann gut sein, dass sie sich von der ihr zugefügten Verletzung, die
anscheinend nicht heilbar ist, auf diese Weise trennen wollte. Immerhin
wohnt sie jetzt seit mehr als einem Jahrzehnt in der gleichen Stadt und hat
ihren Kindern das eigene Schicksal erspart.

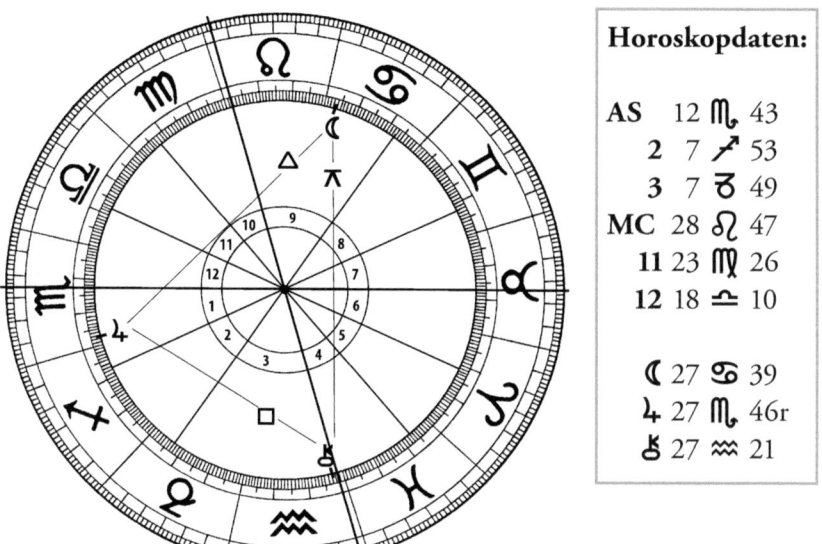

Horoskopdaten:		
AS	12 ♏	43
2	7 ♐	53
3	7 ♑	49
MC	28 ♌	47
11	23 ♍	26
12	18 ♎	10
☽	27 ♋	39
♃	27 ♏	46r
♅	27 ♒	21

Annemaries Horoskop wird von einem sogenannten Dominanz-Dreieck beherrscht. Diese Aspektfigur wird von einem Trigon von Jupiter zum Mond, einem Quinkunx vom Mond zum Chiron und einem Quadrat vom Chiron zurück zum Jupiter gebildet. Alle Aspekte sind weniger als 30 Bogenminuten genau.

In der psychologischen Astrologie der Huber-Schule (API) wird diese Figur in die Gruppe der Lern- und Entwicklungsdreiecke eingeordnet. Da es das Zentrum des Horoskops umläuft, zeigt es Entwicklungsprozesse, die die gesamte Persönlichkeit betreffen. Seine besondere Bedeutung hier wird auch durch die Beteiligung von Jupiter und Mond hervorgehoben.

Nach der Lehre der Aspektbilder verläuft dieses Dreieck retrograd, im Uhrzeigersinn, und damit der Drehrichtung des Horoskops entgegen. Dies bedeutet, dass jede Erfahrung mehrfach durchlaufen werden muss, bis die Transformation gelingt. Die Richtung der möglichen Transformation und letztlich Heilung der durch Chiron angezeigten Verletzung ist im Mond im 9. Haus, dem Weltanschauungshaus, zu suchen. Damit hat die Horoskopeignerin durch ihre Entscheidung für den Buddhismus anscheinend bereits begonnen, denn Bewahren und Beschützen entsprechend dem Mondzeichen Krebs ist durchaus ein Kennzeichen dieser Religion.

Dritte Geschichte zum 4. Haus: Papa für alle

Die folgende Geschichte wurde mir erzählt, während ich mit anderen Eltern auf das Ende des wöchentlichen Kinderturnens wartete.

> Joss berichtet:
> „Mein Vater ist nicht eigentlich weggegangen, irgendwann zwischen meinem 5. und 6. Lebensjahr ist er irgendwie verdunstet. Es gab keinen Krach, keinen bestimmten Anlass, ich könnte noch nicht einmal ein Datum festmachen. Ich habe es auch erst allmählich realisiert, dass er weg war. Gemerkt habe ich es eigentlich erst später, wie mich das verletzt hat, dass er einfach so gegangen ist und mich zurückgelassen hat."

Joss war mir aufgefallen, weil es sonst in der Regel Mütter waren, die ihre Kinder zum Sport begleiteten. Er war der einzige Vater, der regelmäßig kam, und er hatte nicht nur ein eigenes Kind dabei.

Bei den wöchentlichen Unterhaltungen war noch mehr zu erfahren. Er hatte mit drei anderen jungen Familien einen viergeschossigen Altbau gekauft, eine Etage für jede, und gemeinsam renoviert.

Für die Kinder war er zuständig. Seine gesamte Freizeit wendete er dafür auf, er hatte sogar seine Arbeitszeit reduziert (zum Glück ging das in seinem Beruf) und sich einen kleinen Bus gekauft, um so viel wie möglich für alle Kinder im Haus da sein zu können. So hatte er es sich auch zur Aufgabe gemacht, drei von ihnen zum wöchentlichen Kinderturnen zu begleiten, nur eine von vielen derartigen Aktivitäten. Ob Hausaufgabenhilfe, gemeinsames Spielen drinnen und draußen, Ausflüge ins Schwimmbad, chauffieren zum Sport oder zum Musikunterricht – Joss nahm diese Aufgaben selbstverständlich als seine an und die übrigen Mitglieder der Hausgemeinschaft verließen sich auf ihn.

So hatte er eine optimale Auflösung seiner kindlichen Verletzung gefunden: Er, der unter der Zurückweisung seines Vaters gelitten hat, wird zum quasi Vater für viele Kinder und gibt ihnen damit ein verlässliches und stabiles Zuhause.

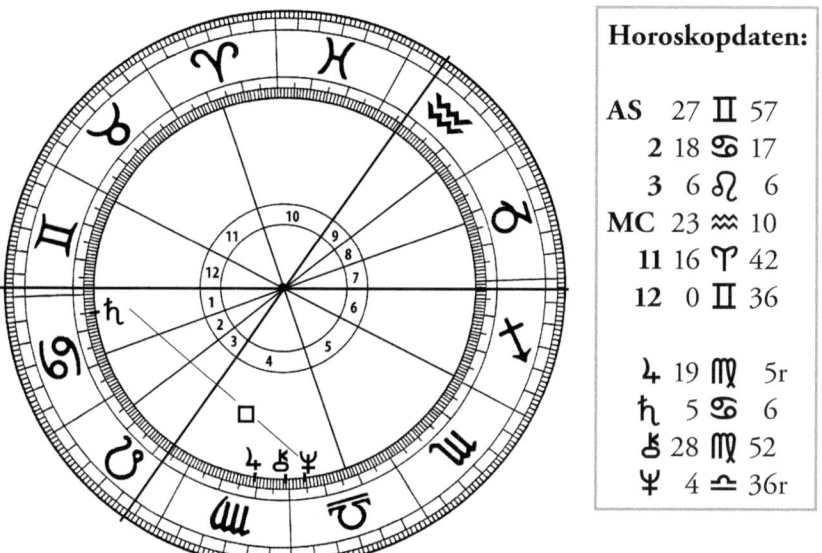

Horoskopdaten:

AS   27 ♊ 57
  2   18 ♋ 17
  3   6 ♌ 6
MC   23 ♒ 10
11   16 ♈ 42
12   0 ♊ 36

♃   19 ♍ 5r
♄   5 ♋ 6
⚷   28 ♍ 52
♆   4 ♎ 36r

Auch wenn drei Planeten – Jupiter, Chiron und Neptun – im 4. Haus von Joss stehen, bilden sie keine Konjunktion, dafür sind die Abstände zu weit. Dies bedeutet, dass zwar alle drei Planetenprinzipien im Bereich Herkunft/ Zuhause angezeigt werden, aber nicht deren Zusammenwirken.

Chiron als derjenige, von dem man die Zurückweisung durch den Vater ablesen kann, ist völlig unaspektiert. Einige Astrologen vermuten, dass er Regent des Zeichens Jungfrau ist, demnach stünde er in seinem eigenen Zeichen und damit besonders stark. Dafür spricht die Nachhaltigkeit, die das Verschwinden des Vaters auf Joss' Leben hatte.

Der Wunsch zur Selbstentfaltung im eigenen Zuhause wird durch den gleichfalls unaspektierten Jupiter dargestellt. Auch wenn seine Stellung in der Jungfrau als „Fremdling" (peregrinus) charakterisiert ist, scheint er zumindest für die Lebensphase, in der Joss sein Haus einrichtete, eine besondere Bedeutung zu signalisieren.

Neptun ist Signifikator für den Vater. Für sich allein genommen, beschreibt er dessen nebelhaftes Verschwinden. Allerdings deutet das Quadrat zum Saturn im 1. Haus an, dass Joss der Auseinandersetzung mit seinem Schicksal und seiner eigenen Vaterrolle nicht aus dem Weg gehen kann. Zwar hat er aus der chironischen Zurückweisung einen besonderen Lebensinhalt gemacht, aber sein Vehältnis zu Autorität bleibt vage.

Prominentengeschichte zum 4. Haus: Cher

Die amerikanische Unterhaltungskünstlerin Cher wird mit zwei bürgerlichen Namen geführt: Cherilyn Sarkisian nach ihrem leiblichen Vater, den sie nie kennengelernt hat, und Cherilyn LaPiere, ihrem Adoptivvater.

LaPiere heiratete Chers Mutter als die kleine Cherilyn drei Jahre alt war. Nun begann die schönste Zeit in deren Leben: Ein richtiges Zuhause. Der neue Vater war ein bürgerlicher Bankangestellter und hatte die Absicht, eine ganz normale Familie zu gründen. Deshalb adoptierte er die beiden Töchter seiner neuen Frau offiziell.

Leider währte das Glück nicht lange. Chers Mutter hatte noch immer die große Filmkarriere im Kopf und war durchaus nicht die solide Hausfrau und Mutter, die sich Gilbert LaPiere gewünscht hatte. Obwohl 1951 noch eine Tochter in die Familie geboren worden war, kapitulierte er und verließ Mutter und Kinder als Cher sechs Jahre alt war.

Wie wichtig die wenigen Jahre mit einem Zuhause für Cher waren, zeigt die Tatsache, dass sie formal bis heute den Namen LaPiere trägt, auch wenn ihr Geburtsname gleichfalls in Umlauf ist. Nachdem dieser Vater die Familie verlassen hatte, begannen große Schwierigkeiten in der Schule, ständige Streitereien mit ihrer Mutter und Geldsorgen. Cher wurde ein „schwieriges" Kind, hatte schon während der Highschoolzeit eine Liebesbeziehung (was damals absolut unüblich war) und verließ die Schule ohne Abschluss.

Erst durch die Bekanntschaft mit Sonny Bono, mit dem sie erste Erfolge hatte und den sie heiratete, bekam ihr Leben wieder eine Ordnung.

Inzwischen ist Cher mehr als 60 Jahre alt und die Frage kann gestellt werden, ob sie etwas aus dem Trauma gemacht hat, das der Verlust ihres einzigen Zuhauses bedeutet haben muss. Natürlich beteiligt sie sich an den in ihrer Position üblichen Wohltätigkeitsaktionen und wurde für ihr Engagement für kenianische Waisenkinder geehrt. Außergewöhnlich ist es jedoch nicht.

Was auffällt, ist Chers Jugendwahn. Durch Körperübungen, Diäten und Schönheitsoperationen versucht sie sich über die Maßen jugendlich zu erhalten. Man kann sich fragen, ob dies nicht das Ergebnis ihrer kindlichen Verletzung ist: Sie durfte nie Kind sein und behält deshalb ihr Leben lang einen extrem jugendlichen Körper.

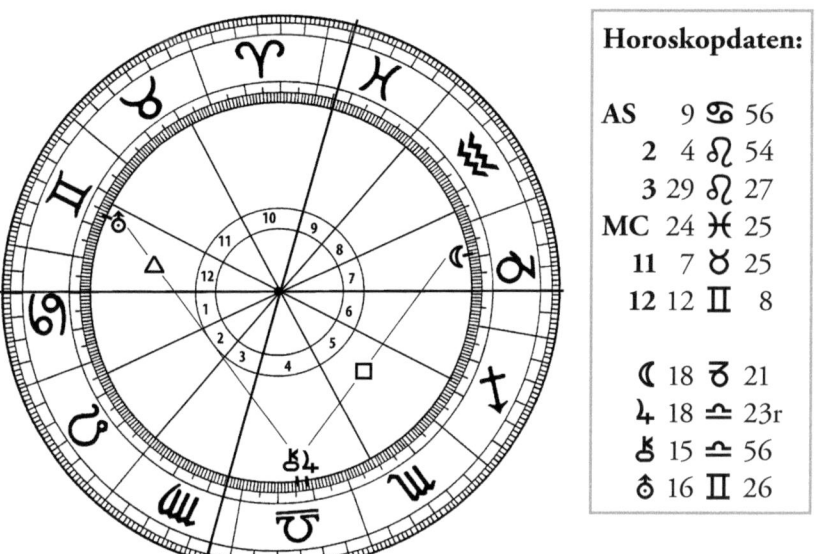

Horoskopdaten:

AS   9 ♋ 56
  2   4 ♌ 54
  3 29 ♌ 27
MC 24 ♓ 25
11   7 ♉ 25
12 12 ♊ 8

☽ 18 ♉ 21
♃ 18 ♎ 23r
⚷ 15 ♎ 56
☊ 16 ♊ 26

Betrachtet man Chers Horoskop zunächst als Ganzes, fällt auf, dass das 4. und entsprechend das gegenüber liegende 10. Haus besonders groß sind und jeweils ein Zeichen einschließen. Dies zeigt an, dass harmonischer Ausgleich zwischen dem Zuhause und dem (öffentlichen) Beruf lebensnotwendig für die Horoskopeignerin ist. Chiron im 4. Haus bedeutet dabei große Verletzlichkeit in diesem Lebensbereich.

Auch wenn die Konjunktion mit Jupiter recht weit ist, scheint sie doch zu demonstrieren, dass die Entfaltung ihrer Persönlichkeit mit den durch Chiron symbolisierten Qualitäten zusammenhängt. Es ist bezeichnend, dass ihre Karriere begann, als sie mit dem festen Partner Sonny Bono so etwas wie einen häuslichen Bezugspunkt bekam.

Das Trigon zu Uranus im 11. Haus zeigt an, dass ihre Erfolge auch mit Extravaganz und bizarren Auftritten in der Öffentlichkeit errungen wurden.

Obwohl in ihren Biografien immer wieder behauptet wird, ihre Mutter habe ihre Karriere gefördert, markiert das Quadrat zum Mond doch eher eine von Spannung und Widerspruch gekennzeichnete Beziehung. Diese Spannung kann jedoch auch die Energie und den Durchsetzungswillen geliefert haben, für den Cher bekannt ist. Der traumatische Verlust des Zuhauses als Kind scheint sie jedoch an einem kindlichen Selbstbild fixiert zu haben, das mit zunehmendem Alter ihre Erfolge beeinträchtigt.

Fünftes Haus

Das Thema:
6 - 9 Jahre: Ich darf nicht spielen, kein
Selbstbewusstsein entwickeln, wie ich will

Nach meiner Hypothese hat die gesuchte Zurückweisung im Alter von 6-9 Jahren stattgefunden.

Damals ist etwas geschehen, das das Selbstwertgefühl für lange Zeit beeinträchtigt hat.

Bei der Beurteilung der folgenden Geschichten sollte man sich erinnern, dass das 5. Haus sich im zweiten, dem seelischen Quadranten befindet. Es geht bei den hier zu lokalisierenden Zurückweisungen um gefühlsmäßige Eindrücke, die nicht immer in äußeren Fakten festgemacht werden können. Entsprechend spielt die Verdrängung der als unangenehm empfundenen Gefühle eine große Rolle. Die Horoskope zeigen aber am besten, welche Bedeutung das Geschehen wirklich hatte.

Ablesbar ist auch, dass äußerlich gleiche Erlebnisse für verschiedene Menschen sehr unterschiedlich gewichtet werden müssen. Was für den einen eine Kleinigkeit ist, wird für einen anderen zur traumatischen Zurückweisung.

Obwohl die Probanden zum Zeitpunkt des Geschehens älter waren als bei Ereignissen, die sich im 1. Quadranten spiegeln, müssen sie sich nicht besser erinnern. Trotzdem gibt es auch hier charakteristische Geschichten im traditionellen Bereich des 5. Hauses: Spielen, künstlerischer Selbstausdruck, Anerkennung der eigenen Individualität.

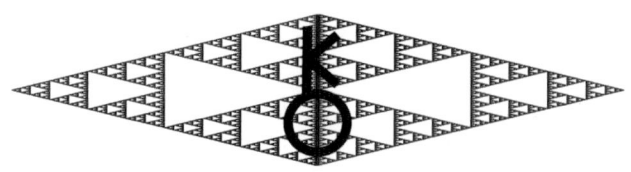

Erste Geschichte zum 5. Haus: Matjes

Die folgende Geschichte wurde mir Anfang der 90er Jahre bekannt:

Matthias berichtet:

„Die schlimmste Zeit meines Lebens begann mit sechs, im Sommer, als wir nach Westdeutschland übersiedelten. Daheim (in der DDR) war alles ganz normal gewesen: Ich ging in den Kindergarten, hatte dort meine Freunde, wir spielten zusammen und es gab keine Probleme. Dann gingen meine Eltern mit mir in den Westen, weil dort alles noch besser werden würde. Für mich wurde nichts besser. Weil ich sowieso bald in die Schule sollte, gab es keinen Kindergarten mehr. Ich versuchte mich mit den Kindern in unserem Block anzufreunden, aber die redeten so komisch, ich verstand erst einmal fast kein Wort. Das Schlimmste: Sie riefen immer „Matjes! Matjes!" hinter mir her, und ich verstand das überhaupt nicht. Wieso sollte ich ein Fisch sein?

Meine Eltern waren den ganzen Tag auf Arbeit und konnten mir auch nicht helfen. So wurde ich zum absoluten Einzelgänger und habe nie Kontakt zu den Leuten hier in meiner direkten Umgebung gefunden."

Trotz dieser negativen Erlebnisse war Matthias in der gleichen Gegend wohnen geblieben, hatte sich in der Nähe seiner Eltern eine eigene Wohnung gesucht.

Sein Rückzug von den Altersgenossen hatte jedoch zur Folge, dass er sich schon früh mit Computern befasste und dabei Kontakte über große Entfernungen pflegte. Er beteiligte sich am Aufbau eines privaten Computernetzes und investierte viel Zeit und Geld in diese damals völlig neue Kommunikationsform.Neben den elektronischen Kontakten organisierte er auch deutschlandweite Treffen, bei denen sich seine Freunde aus dem Computernetz persönlich kennenlernten. Die Anerkennung, die er dabei erfuhr, ließ ihn die Verletzung aus der Kinderzeit vergessen.

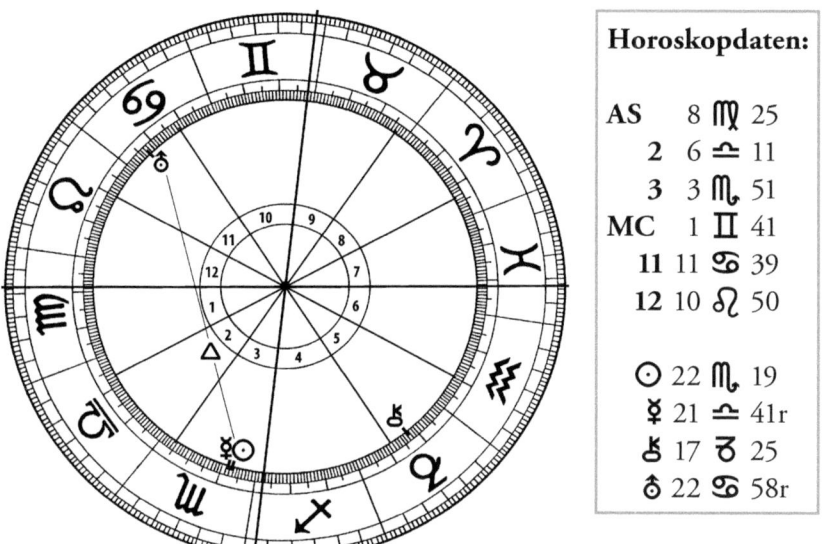

Horoskopdaten:

AS	8 ♍ 25
2	6 ♎ 11
3	3 ♏ 51
MC	1 ♊ 41
11	11 ♋ 39
12	10 ♌ 50
☉	22 ♏ 19
☿	21 ♎ 41r
♅	17 ♉ 25
⚷	22 ♋ 58r

Chiron steht in Matthias' Horoskop unaspektiert im Steinbock im 5. Haus. Das bedeutet einerseits, dass die damit angezeigte traumatische Verletzung hauptsächlich sein Selbstwertgefühl beeinträchtigt hat. Die fehlenden Aspekte signalisieren andererseits, dass es keinen direkten Weg gab, dies zu kompensieren.

Die Sonne-Merkur-Konjunktion spiegelt sein Bedürfnis nach geschwisterlicher Kommunikation, die für ihn als Einzelkind allerdings nicht einfach zu erreichen war. Nach seiner eigenen Darstellung mussten die Kindergarten-Kameraden dafür herhalten. Die Stellung im Skorpion lässt allerdings darauf schließen, dass Matthias ganz bestimmte Vorstellungen hatte, wie der Kontakt ablaufen sollte, von denen er nicht abwich. Auch der verbrannte rückläufige Merkur deutet auf geringe Flexibilität.

Das Trigon zum Uranus im 11. Haus signalisiert, auf welchem Weg der Horoskopeigner schließlich doch noch sein Kommunikationsbedürfnis befriedigen kann: Uranus ist Signifikator für Computer und Elektronik, über die seine Kontakte schließlich erfolgreich gestaltet werden konnten.

Auch wenn die kindliche Verletzung seines Egos als besonders schmerzlich empfunden wurde, hat Matthias es geschafft, die blockierte Kommunikation zu Gleichaltrigen und Gleichgesinnten über elektronische Verbindungen aufzubauen und zu unterhalten.

Zweite Geschichte zum 5. Haus: Weg von allen

Im Jahr 2005 wurde mir diese Geschichte zugeschickt:

Henrietta berichtet:

„Das traumatische Erlebnis bei mir war mit ca. 6 1/2 Jahren, als ich durch einen Umzug aus meiner innig geliebten Umgebung und von allen Freunden weggerissen wurde. Ich habe fast drei Jahre abends geweint und nachts von meinen Freunden geträumt. Ich fühlte mich so fremd am neuen Wohnort und völlig isoliert in der neuen Schule.

Am Tag vor dem Umzug fiel ich von der Rutsche, war bewusstlos, und lag eine Woche mit Gehirnerschütterung im Krankenhaus. Als meine Eltern nach Tagen an meinem Bett standen, wirkten sie seltsam distanziert – fast wie Nachbarn oder Fremde. Mein Vater warf mir eine Packung Bonbons auf die Bettdecke und machte eine grobe Bemerkung. Ich erinnere mich, dass ich so schockiert war, dass ich mir die Bettdecke über den Kopf zog und laut schluchzte. Als ich aus dem Spital entlassen wurde, war der Umzug vorbei und wir wohnten bereits in dem neuen Haus."

Aus der Schilderung geht deutlich hervor, dass Henrietta den Verlust aller Freunde und Spielgefährten als schwere Zurückweisung empfunden hat. Dazu kam das für ein Kind unverständliche Verhalten ihres Vaters, der wohl ihren Unfall als zusätzliche Erschwernis in einer äußerst stressigen Zeit erlebt hat.

Anscheinend war es nicht die Ortsveränderung an sich, sondern die Ablehnung der ihr von ihren Eltern zugedachten neuen Umgebung, die ihr Probleme macht. Dies drückt sich darin aus, dass Henrietta erneut umzog, sobald sie die dafür notwendige Selbständigkeit erlangt hatte. Diesmal zog sie sogar in ein anderes europäisches Land. Dort hat sie eine neue Heimat gefunden und arbeitet als erfolgreiche Yoga-Lehrerin für Stressbewältigung bei einer offiziellen Institution.

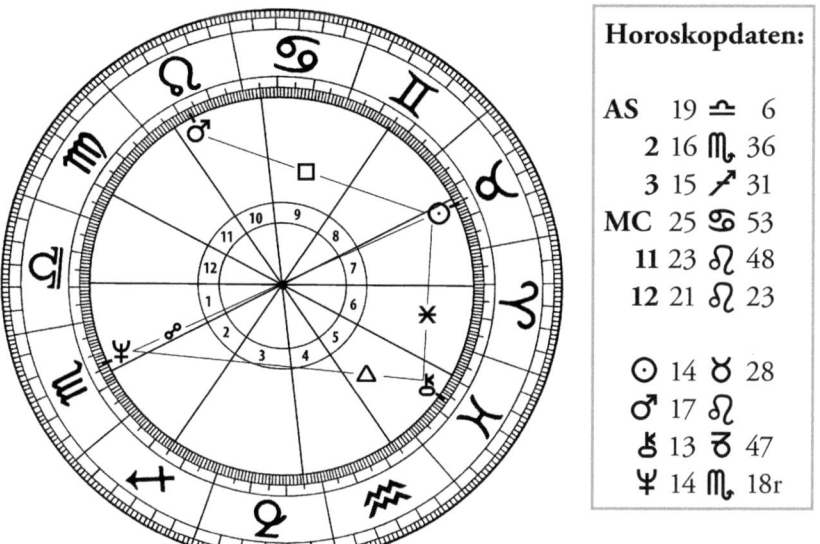

Horoskopdaten:

AS	19	♎	6
2	16	♏	36
3	15	♐	31
MC	25	♋	53
11	23	♌	48
12	21	♌	23
☉	14	♉	28
♂	17	♌	
⚷	13	♋	47
♆	14	♏	18r

Henriettas Horoskop bestätigt die in ihrer Geschichte dargestellten Inhalte. Die durch den Umzug verursachte Verunsicherung wird durch die Opposition von Neptun an der Spitze des 2. Hauses zur Sonne an der Spitze des 8. Hauses beschrieben. Mit der Sonne ist die innerste Persönlichkeit betroffen.

Aber diese Opposition ist über ein Trigon und ein Sextil zu Chiron entspannt. Das bedeutet, dass ein bewusstes Realisieren und Annehmen der Verletzung die eingetretene vitale Verunsicherug entschärfen kann. Dass dies gelungen ist, lässt sich aus der späteren Auswanderung ablesen.

Chiron im Fischezeichen ist aber auch Signifikator für die Verarbeitung von Erlebnissen im Bereich der Träume und Imagination. Die Opposition von Neptun zur Sonne kann ebenso einen Hang zum Visionären beschreiben. Die Beschäftigung mit dem fernöstlichen Yoga und seinen philosophischen Grundlagen erlaubt ein Eintauchen in diesen Bereich seelischen Erlebens. Mit ihrer Berufswahl hat Henrietta sich diesen Weg eröffnet und daraus für ihre Schüler eine fürsorgliche Aufgabe entwickelt. Durch die Spezialisierung auf Stressabbau wird das Abgleiten in Illusionen vermieden.

Während das Umzugserlebnis letztlich verarbeitet wurde, bleibt die – möglicherweise gar nicht beabsichtigte – Zurückweisung ihrer Gefühle durch den Vater. Das Quadrat der Sonne zum Mars im Löwen im 10. Haus macht dies deutlich.

Dritte Geschichte zum 5. Haus: Künstler

Bei dieser Geschichte kommt zum Tragen, dass das 5. Haus auch für den kreativen Bereich steht, für künstlerischen Selbstausdruck.

Mario erzählte:

„Eigentlich war es nur eine Kleinigkeit, eine Nebensache, aber sie hat mein ganzes Leben beeinflusst!

Ich habe als Kind im Kindergarten sehr gern gemalt, stapelweise habe ich Blätter gefüllt, meist mit phantastischen Gebilden. Dann kam ich in die Schule. Dort hat es mir eigentlich gut gefallen, aber für Malen war kein Raum. Nach einiger Zeit, als ich Vertrauen zu meinem Lehrer gefasst hatte, brachte ich ihm Bilder von mir mit, die ich zuhause gemalt hatte. Seine Reaktion war ein Schock. Er kritisierte die Bilder als hätten sie biologische Zeichnungen sein sollen: Das stimmte nicht, dies passte nicht, und überhaupt, mit solchem Unsinn brauchte ich mich gar nicht abzugeben.

Das hat mir für immer einen Knacks gegeben. Als ich später Kunstunterricht hatte und wir dort zeichnen und malen sollten, war ich überzeugt, dass ich das nicht kann. Auch auf der Kunstakademie, wo wir skizzieren mussten, behielt ich meinen Minderwertigkeitskomplex in dieser Beziehung. Deshalb habe ich mich auf die Bildhauerei verlegt. Da kann ich mich besser ausdrücken."

Als Mario dies berichtete, war er längst ein anerkannter Künstler. Die Erinnerung kam auch erst mühsam wieder ins Gedächtnis, als würde das Erlebnis immer noch schmerzen. Auch wenn Marios künstlerische Entwicklung durch die Zurückweisung zurückgeworfen und dauerhaft weg von der Malerei verschoben wurde, hat sie sich doch nicht unterdrücken lassen. Die Karriere als Bildhauer ist nach Marios eigener Darstellung ein direktes Ergebnis des Minderwertigkeitsgefühls in Bezug auf die eigenen Zeichenkünste. So hat er aus seiner traumatischen Verletzung seine Lebensaufgabe gemacht.

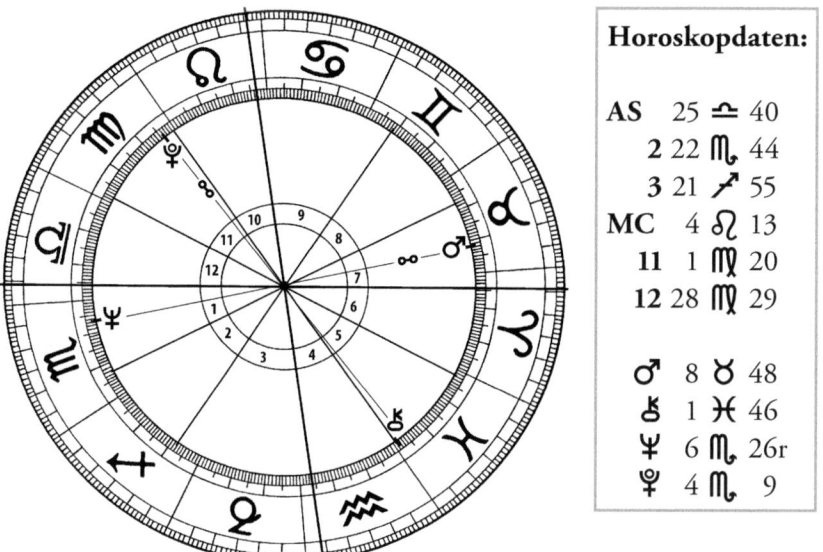

Horoskopdaten:

AS	25	♎	40
2	22	♏	44
3	21	♐	55
MC	4	♌	13
11	1	♍	20
12	28	♍	29
♂	8	♉	48
⚷	1	♓	46
♆	6	♏	26r
♇	4	♏	9

Marios Horoskop zeigt Chiron an der Spitze des 5. Hauses im Tierkreiszeichen Fische. Diese Position lässt an sich schon auf eine erhöhte Empfindsamkeit schließen. Verstärkt wird sie durch die Opposition zu Pluto. Dessen Position im 11. Haus zeigt an, dass für Mario die Akzeptanz in der sozialen Gemeinschaft ein besonders tiefgegehendes Bedürfnis ist.

Seine künstlerischen Arbeiten drücken nach diesem Horoskop nicht nur die eigene Phantasiewelt und Imagination aus, sondern auch Ideen über die Gesellschaft, von der er wiederum Anerkennung benötigt, um seine Kreativität zum Ausdruck bringen zu können. Das Jungfrauzeichen an der Spitze des 11. Hauses signalisiert, dass es sich hier um eine wechselweise Abhängigkeit handelt, die im Versagensfall durchaus zu psychosomatischen Krankheiten führen kann.

Bei einem Künstlerhoroskop ist auch der Herrscher des 5. Hauses ein wichtiger Signifikator. Dies ist Neptun, er steht im 1. Haus im Skorpion in Opposition zum Mars. Diese Konstellation zeigt an, dass die Bildhauerei auf jeden Fall die richtige Form des künstlerischen Ausdrucks für den Horoskopeigner darstellt. Sie erlaubt die marsische Energie im körperlichen Bereich auszuleben und damit für die Arbeit nutzbar zu machen. Marios Inspirationen werden auf diese Weise optimal in konkrete Form gebracht.

Prominentengeschichte zum 5. Haus: Ringo Starr

Der bekannte Schlagzeuger der Beatles, bürgerlich Richard Starkey genannt Ritchie, wird als der fröhlichste und umgänglichste der vier Musiker beschrieben. Bedenkt man seine Kindheit, ist dies nicht zu erwarten.

Mit sechs Jahren hatte er einen Blinddarmdurchbruch, in dessen Folge er sogar für einige Zeit ins Koma fiel. Es folgte eine Krankheit nach der anderen. Nun kann man eine Krankheit nicht unbedingt als traumatische Zurückweisung angesehen werden, aber die Abfolge von Operationen, Infektionen und Schwächezuständen schienen Ritchies Leben zerstört zu haben. Nur selten und mit großen Unterbrechungen konnte er zur Schule gehen, im Alter von 15 Jahren verließ sie als fast-Analphabet.

Die verschiedenen Krankenhaus- und Sanatoriumsaufenthalte trennten ihn nicht nur von der Schule, sondern auch von dem Weg in eine reguläre Berufstätigkeit. Für jemanden, der kaum lesen und schreiben konnte, aber ein gewisses mechanisches Geschick vorzuweisen hatte, blieben sowieso nicht viele Möglichkeiten offen. Nach einigen erfolglosen Arbeitsversuchen beschloss er mit 15 Jahren Schlagzeuger zu werden. Sein Stiefvater unterstützte ihn darin und kaufte ihm das erste Schlagzeug.

Entgegen kam ihm die Tatsache, dass gerade zu dieser Zeit die besondere Musikszene in Liverpool entstand, aus der auch die Beatles hervorkamen. Zu diesen stieß Ringo Starr ab seinem 20. Lebensjahr und wurde schließlich festes Mitglied der Band. Mit traurigem Aussehen aber unerschütterlichem Humor war er anfänglich beim Publikum der beliebteste der vier.

Seitdem ist er erfolgreich, zunächst mit den Beatles, später auch allein. Einigen Kritikern gilt er als der beste Rock'n'Roll-Schlagzeuger aller Zeiten. Seine besondere Technik besteht darin, linkshändig auf einem Schlagzeug für Rechtshänder zu spielen. Es gibt aber auch Stimmen, die ihn eher für einen Clown halten, der nur zufällig zu Ruhm gelangt ist. Dagegen spricht seine Solokarriere.

Ohne die Krankheitsserie ab dem 6. Lebensjahr wäre Ringo Starr vermutlich wie alle anderen Altersgenossen zur Schule gegangen, hätte einen ordentlichen Abschluss gemacht und aus seiner technischen Begabung einen Beruf. Seine besondere Karriere verdankt er seiner traumatischen Kindheit, aus der letzlich sein besonderes Charisma erwuchs.

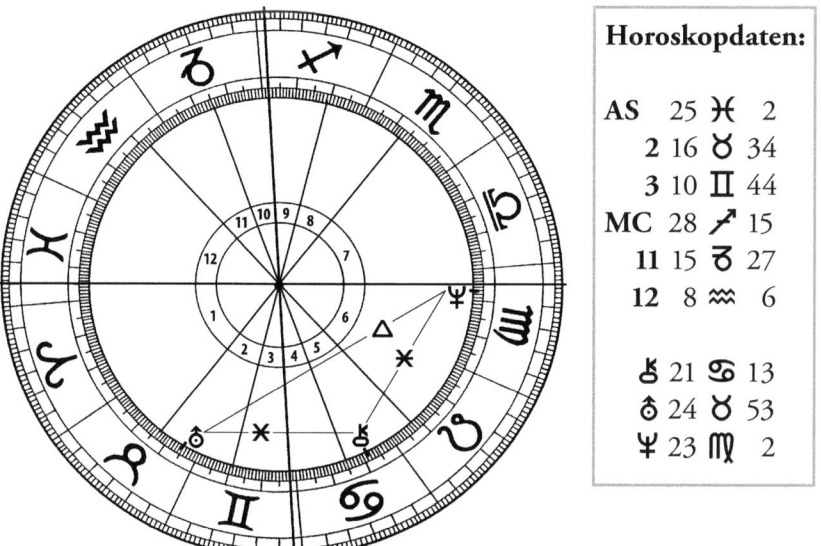

Horoskopdaten:

AS 25 ♓ 2
   2 16 ♉ 34
   3 10 ♊ 44
MC 28 ♐ 15
 11 15 ♑ 27
 12 8 ♒ 6

⚷ 21 ♋ 13
♅ 24 ♉ 53
♆ 23 ♍ 2

Chiron steht in Ringo Starrs Horoskop im 5. Haus im Krebs im Sextil zu Neptun. Dies deutet einerseits auf die Verbindung der durch Chiron symbolisierten traumatischen Zurückweisung mit der künstlerischen Inspiration. Andererseits kann der Neptun im 6. Haus auch auf eine Drogengefährdung hinweisen, wenn die in diesem Haus geforderte Anpassung an die Umwelt nicht gelingt. Dies hat sich in Ringos Leben bestätigt und ist von ihm erfolgreich bekämpft worden.

Auf der anderen Seite bildet Chiron ein eher weites Sextil zum Uranus im 2. Haus. Dies demonstriert nicht nur das plötzliche Herausgerissensein aus der stabilen Umwelt als Folge des Blinddarmdurchbruchs. Nach Gertrud Hürliman sind „Uranische Berufe ... Beschäftigungen mit Bezug auf Rhythmus". Nach diesem Horoskop bezeichnet also die Tätigkeit als Schlagzeuger eine harmonische Heilungsmöglichkeit der durch Chiron angezeigten kindlichen Verletzung.

Im Horoskop von Ringo Starr bildet Chiron zusammen mit Neptun und Uranus ein sogenanntes „kleines Talentdreieck". Diese Aspektfigur deutet auf die Fähigkeit hin, das Leben so zu nehmen, wie es ist, nicht gegen die Zeitläufe anzurennen und sich problemlos zu fügen. Diese Fähigkeit mag als Fröhlichkeit und Humor gedeutet werden, sie hat auf jeden Fall geholfen, dieses Leben erfolgreich zu meistern.

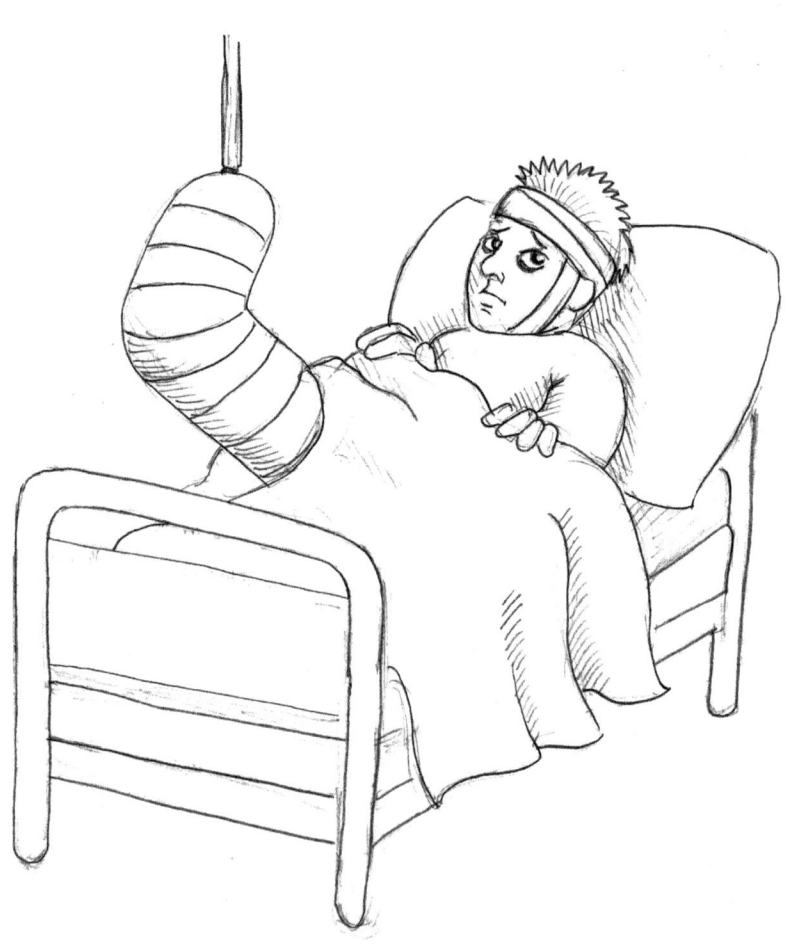

Sechstes Haus

Das Thema:
8 - 10 Jahre: Ich darf mich nicht an die Umwelt anpassen, wie ich will

Aufgrund meiner Hypothese könnte es sein, dass im Alter von 8-10 Jahren eine schwerwiegende Krankheit aufgetreten ist (also keine Kinderkrankheit oder Grippe), es könnte auch eine dauernde Beeinträchtigung der Beweglichkeit aufgrund eines Unfalls eingetreten sein, die aber eine Dauerrente eingebracht hat.

Das Thema des 6. Hauses ist Anpassung an die Umwelt. Darunter ist zu verstehen, dass man die Anforderungen wahrnimmt, die von außen kommen, und sich ihnen vernünftig anpasst. Gelingt diese Anpassung nicht oder nur unvollständig, ist oft eine Krankheit die Folge. Deshalb gilt das 6. Haus astrologisch auch als Haus der Gesundheit/Krankheit. Diejenigen astrologischen Schulen, die Chiron bereits regulär in ihr System eingefügt haben, betrachten ihn häufig als Regenten des 6. Hauses.

Im Fall der hier gesuchten traumatischen Zurückweisungen geht es um ungewöhnliche Anforderungen, Notwendigkeiten, die man nicht mit den Mitmenschen teilt, sondern mit denen man ganz allein fertig werden muss. Die Aussage „Alle dürfen das ... nur ich nicht" gilt hier in besonderem Maß. Es sind oft nicht nur (unsichtbare) seelische Verletzungen, sondern auch für andere wahrnehmbare Schicksalsschläge.

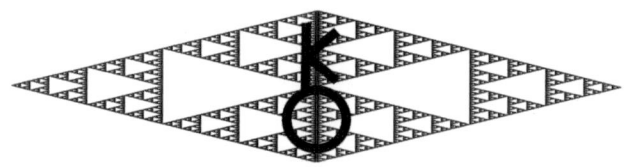

Erste Geschichte zum 6. Haus: Brillenschlange

Die folgende Geschichte wurde mir in einer Freundschaft überlassen, auf die ich stolz bin.

> Lisa erzählte:
> „In diesem Alter habe ich meine Brille bekommen. Dadurch hat sich alles verändert.
>
> Die Brille war sehr teuer gewesen und ich musste gut auf sie aufpassen. Draußen spielen war fast gar nicht mehr möglich, Hüpfen und Springen ging gar nicht und jetzt, wo ich endlich hätte mit den anderen Ball spielen können, weil ich den Ball gut sehen konnte, durfte ich es nicht mehr, denn es war viel zu gefährlich – der Ball hätte ja die Brille zerschlagen können und dann wären die Splitter ins Auge gekommen . . .
>
> So wurde ich die zurückgezogene „Brillenschlange“. Das ständige Aufpassen auf die Brille hat mich sehr bedacht und sorgfältig bei allen meinen Tätigkeiten gemacht.
>
> Ich warf mich dann aufs Lernen und Lesen, und daran habe ich mein Leben lang Vergnügen gehabt.“

Es blieb nicht beim Lernen und Lesen für sich allein. Lisa wählte ein Hobby, für das sie sehr viel lernen musste. Dabei traf sie auch andere Liebhaber dieser Themen, denen ihre Brille völlig gleichgültig waren.

Nachdem sich in den 50er Jahren des letzten Jahrhunderts das Leben wieder normalisiert und sie sich in einem interessanten Beruf gut etabliert hatte, gründete sie zusammen mit Anderen einen Verein, um ihr Hobby zu verbreiten und zu pflegen. Bis ins hohe Alter war sie in diesem Verein die treibende Kraft, organisierte Treffen und machte Werbung. Vor allem nach ihrer Pensionierung schaffte sie es, ihrem Kreis beinahe europaweite Bedeutung zu verschaffen.

Ihre Brille wurde da schon lange von niemand mehr wahrgenommen. In Erinnerung blieb sie allen als geachtetes Ehrenmitglied einer florierenden Vereinigung und Autorität auf ihrem Fachgebiet.

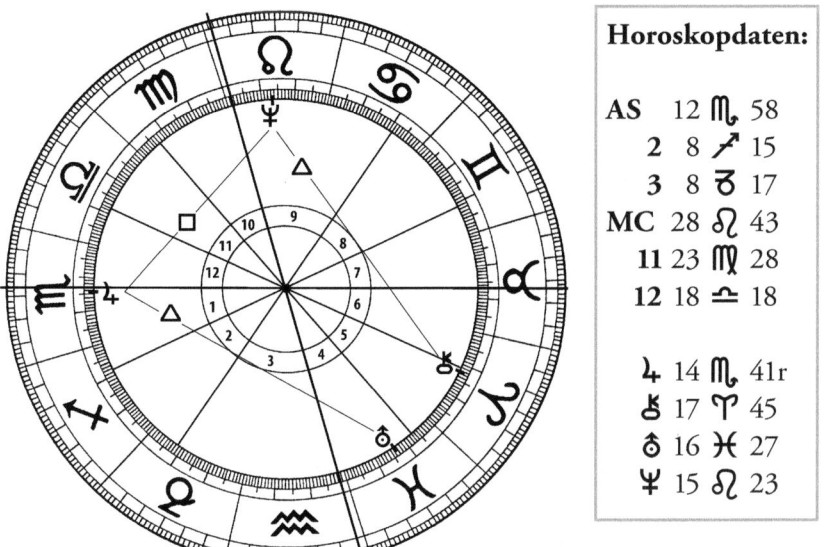

Horoskopdaten:

AS	12	♏	58
2	8	♐	15
3	8	♑	17
MC	28	♌	43
11	23	♍	28
12	18	♎	18
♃	14	♏	41r
⚷	17	♈	45
♆	16	♓	27
♅	15	♌	23

In Lisas Horoskop steht Chiron an der Spitze des 6. Hauses im Widder. Mit Neptun, Jupiter und Uranus ist er in eine Aspektfigur eingebunden, die *Fischreuse* genannt wird.

Das Trigon zum Neptun im fixen Zeichen Löwe zeigt an, dass Lisa versucht ist, sich über die chironische Verletzung durch Illusionen hinwegzusetzen. Dem stehen aber sehr klare Vorstellungen über die Entfaltung der Persönlichkeit entgegen, was durch das Quadrat zum Jupiter im Skorpion dargestellt wird. Lisas Ideen über ihren Lebensweg werden durch neue, beinahe revolutionäre Möglichkeiten begünstigt, die sich im Trigon zum Uranus ausdrücken. Eine davon ist ihre Karriere in einem bislang von Männern dominierten Beruf bis hin zu einer Position, die ansonsten fast ausschließlich männlich besetzt war.

Die Fischreuse besagt aber auch, dass sie in der Lage war, Menschen quasi zu „fischen" und für immer für die eigenen Ideen gefangen zu nehmen. Dies ist ihr in Bezug auf ihren Verein gut gelungen.

Da allerdings weder Sonne noch Mond an der Aspektfigur beteiligt sind, signalisiert sie auch einen deutlichen Hang zum Einsiedlerdasein. Die chironische Zurückweisung hat Lisa auf einen Weg gebracht, auf dem sie dies in einem Bereich ihres Lebens erfolgreich überwinden konnte.

Zweite Geschichte zum 6. Haus: Fitnesstrainer

Im Jahr 2005, als das Archiv eigentlich bereits geschlossen war, wurde mir diese Geschichte doch noch zugesandt. Christopher war beim Stöbern im Internet auf die „Chirongeschichten" auf meiner Website gestoßen und hat sich dort wiedergefunden. Sein eigenes Erleben war ihm so wichtig, dass er es mir unbedingt noch schicken wollte.

> Christopher schrieb:
> „Im Alter von etwas über acht Jahren musste ich wegen einer Knochenmarkeiterung für drei Wochen ins Krankenhaus und bekam für weitere sechs Wochen einen Gips am linken Bein. Ein Jahr lang durfte ich nicht am Sport teilnehmen.
> Ich bin aber sportlich und habe eine große Bewegungslust. Damals entstand der Wunsch in mir, Arzt zu werden, oder auf jeden Fall irgendetwas was mit Gesundmachen zu tun hat.
> Heute bin ich selbstständiger Physiotherapeut (Krankengymnastik). Das scheint kein Zufall zu sein!"

Christopher hat aus seiner traumatischen Erfahrung viel gemacht. Nicht nur, dass er quasi als Antwort auf die eigene Erkrankung einen Heilberuf ergriffen hat, dieser Beruf erlaubt ihm auch, seine sportlichen Ambitionen auszuleben. Er kann also sein Leben lang seiner Bewegungslust frönen.

Aber Christopher hat seine jetzige Tätigkeit stark vereinfacht. Tatsächlich ist er nicht einer von vielen niedergelassenen Physiotherapeuten, sondern arbeitet in einem Rehabilitations- und Fitnesscenter, das an seinem derzeitigen Wohnort als Geheimtipp gilt. Dort betreibt er nicht nur Krankengymnastik im engeren Sinn, sondern es werden auch Sportgruppen in den unterschiedlichsten Disziplinen – von Gymnasik über Nordic Walking bis zu asiatischem Kampfsport – für alle Altersstufen angeboten. Viele dieser Kurse leitet Christopher selbst. Auf diese Weise verbindet er sein eigenes Sportengagement mit seinem Beruf.

Sein Werdegang demonstriert auf eindrucksvolle Weise, wie ein traumatisches Erlebnis in der Kindheit Anstoß für eine Lebensaufgabe werden kann.

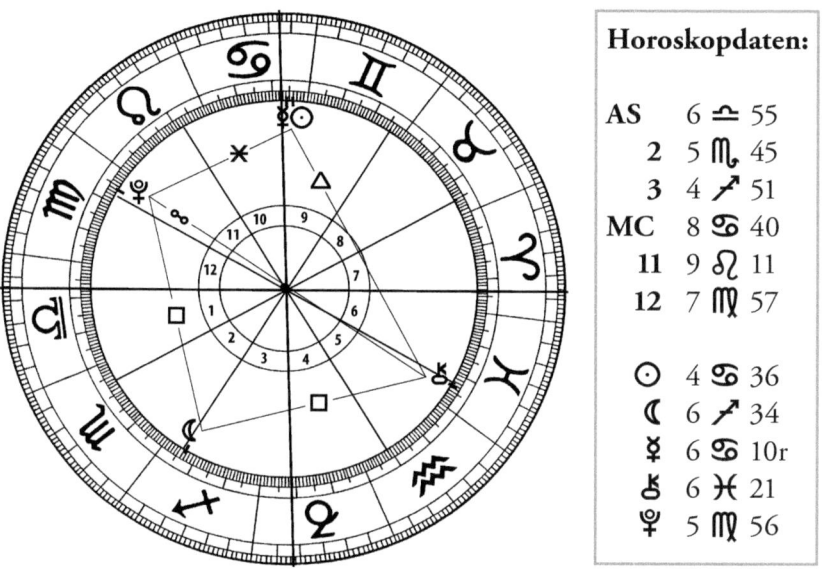

Horoskopdaten:

AS	6 ♎ 55
2	5 ♏ 45
3	4 ♐ 51
MC	8 ♋ 40
11	9 ♌ 11
12	7 ♍ 57
☉	4 ♋ 36
☽	6 ♐ 34
☿	6 ♋ 10r
⚷	6 ♓ 21
♇	5 ♍ 56

In Christophers Horoskop sind zwei Dreiecke zu erkennen: Ein Leistungs-
dreieck über Pluto, Mond und Chiron und ein Ambivalenzdreieck über
Pluto, Merkur/Sonne und Chiron.

Die Chiron-Pluto-Opposition ist also die Basis beider Dreiecke und
gleichzeitig das „Rückgrat" der gesamten Figur. Das bedeutet, dass die in
den beiden Dreiecken dargestellten Aspekte der Persönlichkeit ihren Urgrund
im Unbewussten haben, das durch die chironische Verletzung bestimmt ist.

Die Opposition liefert die Energie für die Selbsverwirklichung, die die
Sonne-Merkur-Konjunktion am MC anzeigt. Diese Selbstverwirklichung
geschieht durch Fürsorge für Andere, dargestellt durch das Krebszeichen.

Das Leistungsdreieck zum Mond signalisiert jedoch, dass erheblich
mehr Energie vorhanden ist, als für eine rein pflegerische oder beschüt-
zende Tätigkeit gebraucht wird. Diese Energie will sich gleichfalls realisieren und hier ist der sportliche Antrieb zu finden. Mit dem Mond, dem
Herrscher des MC, an der Spitze der Figur ist die Verbindung zur Berufsausübung hergestellt.

Die Gesamtfigur wird als *Großes Ambivalenzdreieck* bezeichnet und gilt
als Anzeiger für eine Persönlichkeit, die trotz der Spannungsaspekte in sich
geschlossen ist und sich nie untreu wird.

Dritte Geschichte zum 6. Haus: Kapazität

Die folgende Geschichte stammt aus meinem Bekanntenkreis.

> Bettina erzählte:
> „Eigentlich hatte ich Probleme mit meiner Haut, solange ich denken kann. Aber als Kind habe ich meiner Mutter geglaubt, die mir weis gemacht hat, alles könnte geheilt werden. Sie meinte, wenn ich nur regelmäßig und sorgfältig meine Creme auftragen würde, ginge das vorbei. Wahrscheinlich hat sie sich das auch selbst vorgemacht.
>
> Als ich dann 8 oder 9 Jahre alt war – auf jeden Fall schon im 3. Schuljahr – schickte sie mich das erste Mal allein zu unserer Hausärztin, um mein Cortison-Creme-Rezept abzuholen. Aus irgendeinem Grund war die Sprechstundenhilfe nicht da und die Ärztin gab mir das Rezept selbst. Ich machte so eine Bemerkung wie „Damit ist es jetzt bald vorbei". Da guckte sie mich ganz komisch an und bat mich ins Behandlungszimmer. Dort erklärte sie mir, was es mit Neurodermitis auf sich hat und dass ich noch viele Jahre damit leben müsste, vielleicht mein ganzes Leben lang. Das war ein Schock für mich. Ich fühlte mich auch von meiner Mutter betrogen.
>
> Tatsächlich ist die Neurodermitis nie ganz weggegangen und ich musste lernen damit zu leben."

Bettina hat lange gebraucht, ihr Leben einzurichten. Sie lernte irgendeinen kaufmännischen Beruf, der ihr nicht viel bedeutete. Gleichzeitig las sie aber alles, was sie über Neurodemitis finden konnte, informierte sich über neue wissenschaftliche Erkenntnisse und Behandlungsmethoden.

Dabei sammelte sie so viel Wissen, vor allem auch praktisches, dass sie in einem Mütterzentrum Vorträge und Kurse anbieten konnte. Inzwischen gilt sie in ihrem Bereich als Kapazität, die oftmals mehr weiß als die einzelnen Kinderärzte und auch von diesen um Rat gefragt wird.

Aus ihrer unheilbaren Krankheit hat sie gelernt, Ansprechpartnerin und Ratgeberin für andere mit dem gleichen Problem zu werden.

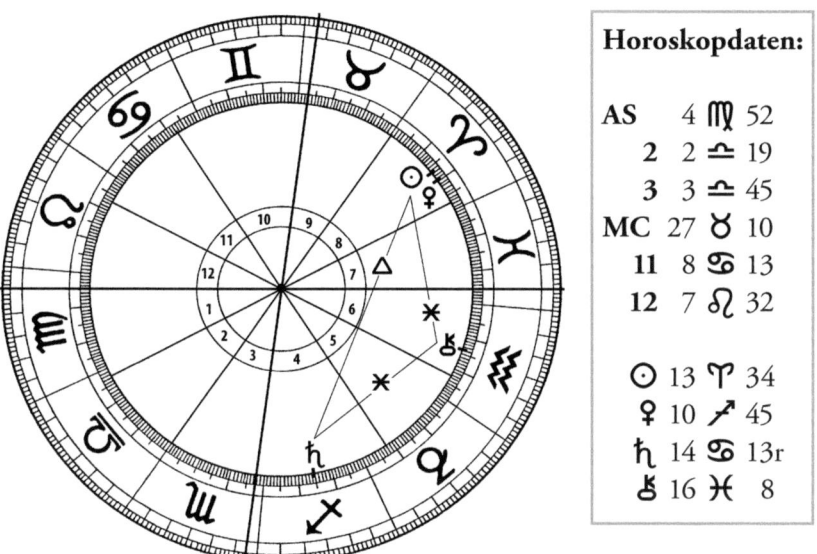

Horoskopdaten:

AS	4	♍	52
2	2	♎	19
3	3	♎	45
MC	27	♉	10
11	8	♋	13
12	7	♌	32
☉	13	♈	34
♀	10	♐	45
♄	14	♋	13r
⚷	16	♓	8

Chiron steht in Bettinas Horoskop im 6. Haus im Wassermann. Er bildet die Spitze einer Dreiecksfigur. Diese wird außerdem gebildet von einer Sonne-Venus-Konjunktion im Widder im 8. Haus und dem Saturn im 4. Haus. Die letztere Verbindung signalisiert, dass die chironische Verletzung mit der Haut zu tun hat, denn Saturn ist traditionell die Haut zugeordnet.

Die Beteiligung von Sonne und Venus macht deutlich, dass das Geschehen mit Bettinas innerstem Wesenskern verbunden ist und ihre Gefühlswelt stark beeinflusst. Venus ist gleichzeitig die Herrscherin ihres MCs, das das Lebensziel angibt. Im Umgang mit der Neurodermitis zeigt Bettina, wer sie wirklich ist.

Die Sonne in dieser Stellung bedeutet, dass Bettina Wert auf geordnete Strukturen legt. Im 8. Haus stehen vertraglich geregelte Partnerschaften. Darstellung in Bezug auf die Krankheit sind also nicht im unverbindlichen privaten Umfeld geboten, sondern in der verfassten Form einer Organisation mit gedrucktem Jahresprogramm und vertraglichen Strukturen.

Wenn Bettina auch schildert, dass die erste offene Konfrontation mit ihrer Neurodermitis ein großer Schock für sie gewesen sei, hat sie doch einen sehr guten Weg gefunden, die traumatische Erkenntnis in ihr Leben zu integrieren und sogar eine besondere Aufgabe daraus zu machen.

Prominentengeschichte zum 6. Haus: Mia Farrow

Die Schauspielerin Mia Farrow wurde als Tochter eines Filmproduzenten und einer Schauspielerin mitten ins Filmgeschäft hineingeboren. Mit zwei Jahren stand sie zusammen mit ihrer Mutter zum ersten Mal vor einer Kamera.

Aber mit neun Jahren kam der Rückschlag: Sie erkrankte an Polio, und zwar so schwer, dass sie mehrere Wochen im Krankenhaus und davon sogar einige Tage in der eisernen Lunge verbringen musste. Zum Glück bildeten sich alle akuten Lähmungen zurück.

Mit vierzehn Jahren begann Mia Farrow mit kleineren Rollen in Filmen mitzuwirken, was ihr eine Dauerrolle in der Fernsehserie „Peyton Place" einbrachte, wo sie zwischen 1964 und 1968 in mehr als 500 Folgen mitspielte. Im Jahr 1968 schaffte sie mit ihrer Rolle in „Rosemaries Baby" den endgültigen künstlerischen Durchbruch.

In diesen und den Folgejahren engagierte sie sich in verschiedenen Kinderhilfswerken und adoptierte selbst auch mehr als zehn Kinder. Darunter war im Jahr 1994 auch ihr aus Indien stammender Sohn Thaddeus, der aufgrund einer früheren Infektion mit Kinderlähmung auf einen Rollstuhl angewiesen ist. Sein Schicksal und ihr eigenes aktivierten Mias Interesse an den Polio-Bekämpfungsaktionen der Weltgesundheitsorganisation.

Seitdem hat Mia Farrow ihr besonderes Interesse auf das Ziel gerichtet, Polio weltweit auszurotten. Sie beteiligte sich an verschiedenen Kampagnen zugunsten von Impfaktionen und nutzte ihre guten Kontakte zur internationalen Presse, um das Problem immer wieder ins Licht der Öffentlichkeit zu rücken.

Im Jahre 2000 wurde sie von dem „United Nations Children's Fund (UNICEF)" offiziell als Botschafterin anerkannt.

Aber Mia Farrow beteiligt sich nicht nur an vorbeugenden Programmen. Sie ist auch aktiv für Menschen, die unter den Spätfolgen von Polio leiden. Diese können nämlich teilweise erst nach 30-35 Jahren auftreten und werden dann oft nicht als solche erkannt. Inzwischen gibt es über das Internet Informationen und Kontakte zu Selbsthilfegruppen, die von Mia Farrow unterstützt werden.

So wurde der Kampf gegen die Kinderlähmung, die ihr selbst als Kind beinahe das Leben gekostet hatte, zu einer Lebensaufgabe.

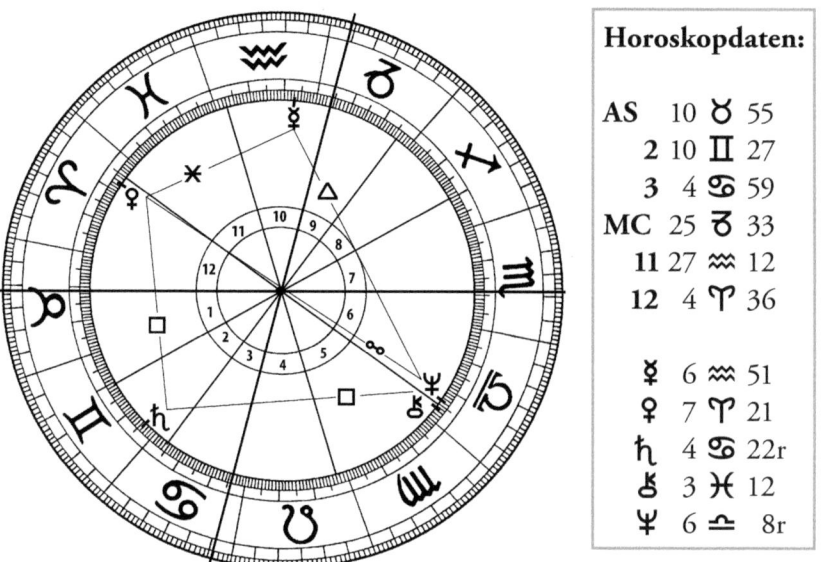

Horoskopdaten:

AS	10	♉	55
2	10	♊	27
3	4	♋	59
MC	25	♑	33
11	27	♒	12
12	4	♈	36
☿	6	♒	51
♀	7	♈	21
♄	4	♋	22r
♿	3	♓	12
♆	6	♎	8r

Es war nicht einfach, die Signifikatoren für diese Untersuchung aus Mia Farrows Horoskop herauzulösen, denn in ihrem Geburtsbild steht alles miteinander in Verbindung, d.h. bis auf Chiron bilden die hier eingezeichneten Planeten jeweils noch weitere Aspekte, die aber weggelassen wurden. Grundsätzlich bedeutet eine solche Konstellation, dass alles Geschehen im Leben den gesamten Menschen betrifft, alles den Wesenskern berührt und die Horoskopeignerin zu einer sehr authentischen Persönlichkeit macht.

Chiron steht an der Spitze des 6. Hauses in Konjunktion mit Neptun, was auf eine dauerhafte physische Schwächung hinweist. Diese zeigt Mia Farrow auch in ihrer Arbeit als Schauspielerin; sie kreiert ein „Image der zerbrechlichen Kindfrau, der sensiblen, verletzlichen grauen Maus, die aber durch ungeheure Intelligenz überzeugen kann."[1] Letztere Aussage wird durch die Opposition von Neptun zu Venus bei gleichzeitigem Trigon zu Merkur unterstrichen.

Chiron bildet außerdem ein enges Quadrat zu Saturn, das eine lebenslange Anspannung signalisiert. Mia Farrow will nicht nur aus ihrer eigenen Erkrankung etwas machen, sondern das Bestmögliche herausholen. So ist sie zur charismatischen Kämpferin gegen Polio geworden.

---

[1] http://www.moviesection.de/schauspieler/762-Mia_Farrow

Dritter Quadrant

Die Häuser 7, 8 und 9 bilden den dritten, den sogenannten Begegnungsquadranten. Partnerschaften sind sein Bereich und alle im Horoskop abgebildeten Vorgänge sind in Begegnungen zwischen Partnern zu suchen.

Siebtes Haus

Das Thema:
9 - 11 Jahre: Ich werde nicht als Freund/Freundin akzeptiert, wie ich bin

Aufgrund meiner Hypothese könnte es sein, dass du im Alter von 9-11 Jahren an eine Freundschaft (Partnerschaft) geglaubt hast, die aber dann ohne dein Zutun auseinandergegangen ist. Dies hat dich schwer gekränkt und tut eigentlich noch heute weh. Es könnte jemand gewesen sein, von dem du die Illusion eines Geschwisterersatzes gehabt hast (oder eine Schwester könnte dabei eine Rolle gespielt haben).

Im 7. Haus geht es um alle die Begegnungen, die wirklich oder vermeintlich „auf Augenhöhe" stattfinden. Es geht dabei um eine Partnerschaft, die durch die Gleichberechtigung der Partner gekennzeichnet ist.

Eine traumatische Verletzung geschieht häufig dann, wenn sich herausstellt, dass die Gleichheit nur eine Illusion war, dass der Gegenpart die Beziehung absolut nicht so verstanden hat. Es kann natürlich auch sein, dass ein Partner verschwindet, der Zurückbleibende das Geschehen nicht versteht und als Zurückweisung empfindet.

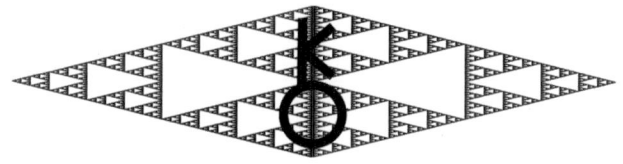

Erste Geschichte zum 7. Haus: Unbeliebte Neue

Die folgende Geschichte wurde mir 2003 über das Internet zugeschickt.

Annette schrieb:

„Zuerst dachte ich, nein, ich bin noch nie von einer Freundin zurückgewiesen worden, aber wie ich ein bisschen nachgedacht habe, trifft genau das doch zu! Wie ich 9 Jahre alt war, bin ich mit meinen Eltern in einen anderen Ort übersiedelt. Es gab eine Menge Kinder, die meisten ein bisschen älter als ich, in der Nachbarschaft. Und als „Neue" haben sie mich lange Zeit immer ausgeschlossen und auch „verarscht".

Es stimmt schon, schön ist die Erinnerung daran auch heute noch nicht! Und erst vor ein paar Tagen war ich auf einen Kaffee eingeladen, wo sich viele der Frauen aus der Nachbarschaft treffen. Und eine war dabei, die mich als Kind immer „von oben herab" behandelt hat, mit der wollte ich kein Wort reden, weil ich mich an früher erinnert habe!"

Annettes Geschichte beschreibt – wie auch einige andere hier – dass die Konfrontation mit den Chiron-Texten der Erinnerung nachgeholfen hat. Dadurch wurde ein Erlebnis wieder ins Gedächtnis geholt, das wichtig für die persönliche Entwicklung war, aber verdrängt wurde. Auf diese Weise ist wieder ein Stück Selbsterkenntnis gewonnen.

Es zeigt sich gleichzeitig die Altersabhängigkeit des Erlebten. Zurückweisung durch gleichaltrige Kinder fand sich auch im 3. Haus, allerdings viele Jahre früher. Auch die Reaktion war eine andere. Hier ist es eine nachtragende Unfähigkeit zu kommunizieren. Erst durch die Erinnerung wird klar, woher diese Unfähigkeit stammt.

Annette hat als Beruf „Telefonistin" gewählt. In diesem Beruf steht die Kommunikation im Mittelpunkt des Handelns. Allerdings ist es kein direkter, körperlicher Austausch zwischen Menschen, sondern ein indirekter, durch die Technik des Telefons vermittelter. Vermutlich wollte Annette dadurch erneute Zurückweisungen vermeiden.

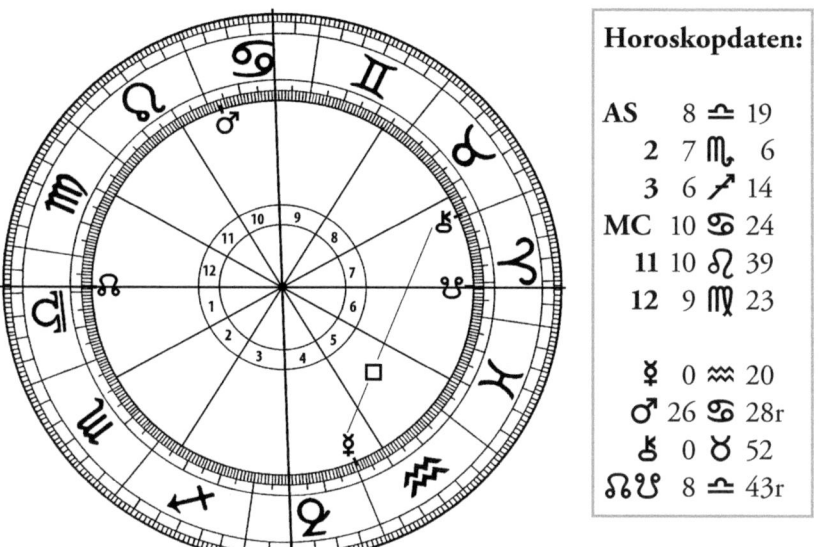

Horoskopdaten:

AS	8	♎	19
2	7	♏	6
3	6	♐	14
MC	10	♋	24
11	10	♌	39
12	9	♍	23
☿	0	♒	20
♂	26	♋	28r
⚷	0	♉	52
☊☋	8	♎	43r

Chiron steht in Annettes Horoskop im 7. Haus im Stier im Quadrat zum Merkur. Das ist ein deutlicher Hinweis darauf, dass es ihr schwerfällt, die mit Chiron angezeigten Erlebnisse rational zu verarbeiten und in Worte zu kleiden. Es ist gut, dass sie dies beim Erzählen ihrer „Geschichte" erstmals schaffte. Die Position von Merkur im 4. Haus zeigt an, dass ihr das nicht in die Wiege gelegt wurde.

Auffällig ist bei diesem Horoskop, dass die Mondknotenachse minutengenau auf der Aszendent-Deszendent-Linie liegt. Das bedeutet für die Horoskopeignerin eine besondere Entwicklungsaufgabe, die sich tiefgreifender für die Persönlichkeit darstellt als die normalerweise von der Mondknotenachse signalisierte.

Die Aufgabe steht inhaltlich in Verbindung mit dem Chiron-Geschehen, denn die Lage der Mondknoten zeigt an, dass die Horoskopeignerin in diesem Leben lernen muss, sich selbst aktiv in Partnerschaften einzubringen. Dies demonstriert auch der Deszentendenherrscher Mars im 10. Haus, dem Haus von Beruf und öffentlichem Auftreten. Er steht im Zeichen Krebs, das für Fürsorge und Betreuung steht.

In Annettes Horoskop ist also in dreifacher Weise dargestellt, dass sie ihre Persönlichkeit in Richtung einer fürsorglichen Aufgabe weiterentwickelt, die die zurückgewiesene Partnerschaft ihrer Kindheit transzendiert.

Zweite Geschichte zum 7. Haus: Großmutter

Aus meinem Bekanntenkreis stammt die folgende Geschichte, die mir 2002 erzählt wurde, als Uwe 40 Jahre alt war.

> Uwe berichtete:
> „Als zentrales Ereignis fällt mir ein, daß im März 1971 meine Großmutter mütterlicherseits starb. Diese wohnte in der Nähe meines damaligen Elternhauses, und ich besuchte sie sehr häufig und gerne.
> Sie starb an Krebs, war einige Monate vorher schon krank, weswegen die „Trennung" schon Ende 1970 gewesen sein könnte.
> Erst ab 1971 (neun Jahre) hatte ich als Kind Freunde. Ich hatte als Kind starke Schwierigkeiten, mich unter Jungs zurechtzufinden. "

Was da so scheinbar nüchtern und trocken erzählt wird, muss auf dem Hintergrund von Uwes Lebensumständen näher beleuchtet werden. Seine Eltern hatten eine Landwirtschaft. Er war der Älteste von vier Kindern und der einzige Sohn. Als offensichtlich Hochbegabter kam er ein Jahr früher als üblich in die Schule und hatte daher mit seinen Klassenkameraden wenig gemein. Die Großmutter war Bezugsperson und Gesprächspartnerin. Ihr Verlust hat Uwes Leben stark verändert.

Heute ist er Betreiber eines Dienstleistungsinstituts für Industrie und Gewerbe mit dem Angebot: Wissensmanagement, kaufmännische Weiterbildungsseminare, Bildungsbedarfsanalyse und Marktforschung. Aus der genaueren Darstellung seines Angebots wird deutlich, dass Uwe sich als Partner seiner Auftraggeber sieht. In den auf seiner Website genannten Leitlinien heißt es: „Alles dafür zu tun, damit meine Kunden den größtmöglichen Gewinn aus dem in mich investierten Geld ziehen können."

Damit hat Uwe sein Berufsleben als Feld für Partnerbeziehungen gestaltet. Der Verlust der Partnerschaft mit seiner Großmutter wurde so im Aufbau seines Lebenswerks verarbeitet.

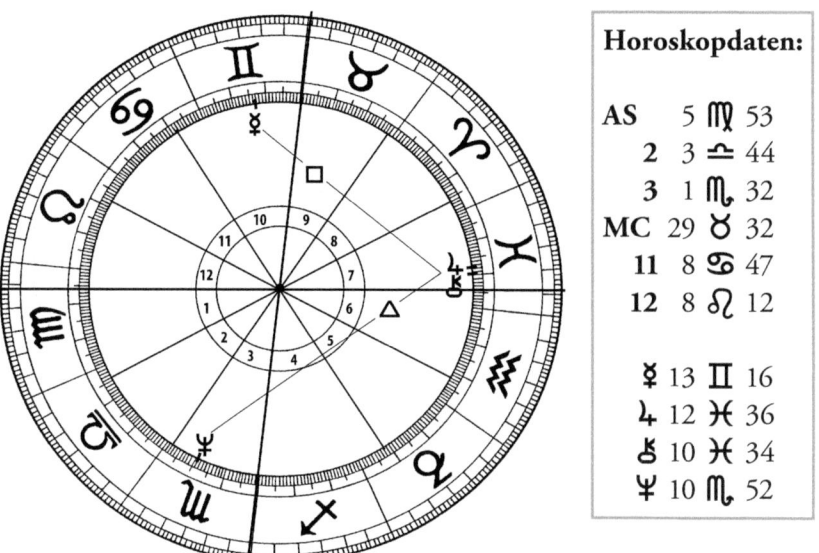

Horoskopdaten:

AS	5	♍	53
2	3	♎	44
3	1	♏	32
MC	29	♉	32
11	8	♋	47
12	8	♌	12
☿	13	♊	16
♃	12	♓	36
⚷	10	♓	34
♇	10	♏	52

Chiron steht in diesem Horoskop in den Fischen im 7. Haus in Konjunktion mit Jupiter. Die Position dieses Planeten bedeutet, dass die Entfaltung von Uwes Persönlichkeit eng mit Partnerschaften verknüpft ist. Die Anwesenheit Chirons macht jedoch deutlich, dass diese Entwicklung nicht ohne chronische Verletzung und deren Aufarbeitung gelingen kann.

Dass Uwe bis weit ins vierte Lebensjahrzehnt gebraucht hat, um eine berufliche Heimat zu finden, wird aus dem Quadrat zum Merkur deutlich. Merkur steht in den Zwillingen im eigenen Zeichen und somit besonders stark im Berufshaus. Damit signalisiert er eine ständige Spannung zu den Selbstverwirklichungsbedürfnissen aus dem 7. Haus. Eine rein rationale Aufarbeitung und quasi *vernünftige* Entwicklung scheint nicht möglich. Die angezeigte Spannung verursacht einerseits Irrwege und Fehlversuche, liefert aber andererseits die Energie nicht aufzugeben.

Entspannung und befruchtende Ideen kommen von Neptun, dem Herrscher des Fischezeichens. Im 3. Haus deutet er auf eine reiche Vorstellungswelt, die im Kreis der Geschwister ihren Ursprung hat. Im negativen Fall kann es sich dabei um realitätsferne Illusionen handeln, im positiven um die Fähigkeit, Dinge in Zusammenhang zu bringen, die andere Menschen als getrennt empfinden. Dies ist in Uwes Beruf eine optimale Fähigkeit und erweitert seine Arbeit zu besonderem Erfolg.

Dritte Geschichte zum 7. Haus: Tante Ruth

Alexa kam über Empfehlungen zu mir und wollte Informationen über eine mögliche Ausbildung als Kindergärtnerin in Deutschland ohne deutschen Schulabschluss. Es kam auch zum Gespräch über ihr Verhältnis zu anderen Menschen.

> Alexa erzählte:
>   „Ich hatte mein Leben lang, bis heute, Schwierigkeiten, mit anderen zu sein.
>   Ich habe immer das Gefühl, mir sei etwas passiert, was ich nicht verstand.
>   Aber keine Ahnung, was das gewesen sein könnte."

Im Lauf der Beratung kam dann heraus, was geschehen war. Alexa war mit ihren Eltern im Alter von 10 Jahren ausgewandert. In der neuen Heimat gab es eine Nachbarin, Tante Ruth, die eine Zeitlang Alexas häufigster Gesprächspartner war. Tante Ruth war einige Jahre zuvor ebenfalls aus Deutschland gekommen und sprach deshalb Deutsch. Sie hatte auch Alexas Eltern beim Start geholfen.

Alexas Eltern mussten beide arbeiten, um in dem fremden Land Fuß zu fassen. So ging Alexa in der Erinnerung jeden Nachmittag zu Tante Ruth. Sie war ihr wie eine Freundin und sie erzählte ihr alles, auch das, was sie normalerweise nie einem Erwachsenen erzählt hätte.

Aber dann bekam sie mit, dass Tante Ruth alles ihrer Mutter weitererzählte und diese ihre Erziehungsmaßnahmen entsprechend plante. Das war ein extremer Vertrauensbruch. Tante Ruth war also auch nur eine von diesen Erwachsenen! Alexa war nach ihren eigenen Aussagen so wütend und beleidigt, dass sie nie mehr mit dieser Frau etwas zu tun haben wollte.

Zurück nach Deutschland ist Alexa dann gekommen, um als Au-Pair-Mädchen bei einer Familie mit mehreren Kindern zu arbeiten. Durch die hier geschilderten Erkenntnisse sah sie ihre eigene Rolle aber dann anders. „Eigentlich habe ich versucht, ‚Tante Ruth' zu spielen" war ihre letztendliche Erkenntnis, mit der sie zurück zu ihren Eltern ging.

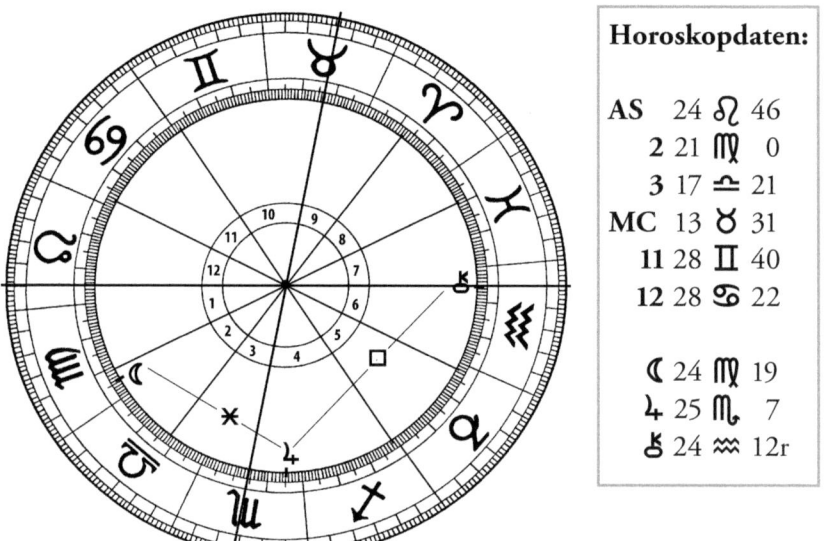

Chiron steht in Alexas Horoskop fast minutengenau am Deszendeten. Er bildet ein Quadrat zum Jupiter im 4. Haus, dem Haus der Familiengeschichte. Damit ist eine direkte Verbindung zwischen ihrer Herkunft und der durch Chiron angezeigten Verletzung gegeben. Es handelt sich um einen Spannungsaspekt, der das Geschehen noch traumatischer macht. Wahrscheinlich war es auch deshalb so gut verdrängt.

Das Sextil zwischen Jupiter und Mond gibt an, dass eine Frau bei dem durch die Aspektfigur repräsentierten Geschehen eine Rolle spielt. Diese Frau steht in harmonischer Beziehung zu Alexas Herkunft und begünstigt ihre Verwurzelung. Da in erster Linie die frühe Kindheit dabei angesprochen ist, wird es sich um die Mutter handeln. Offensichtlich hat sie bei dem beschriebenen Vorfall nur das Beste für ihr Kind gewollt.

Die durch die Chironposition angezeigte Verletzung hat einerseits die Entfaltung von Alexas Persönlichkeit blockiert. Das Aufdecken der Blockade gab ihr jedoch einen mächtigen Schub zur Selbstentfaltung. Zum ersten mal fühlte sie sich nicht mehr von einer unklaren Abwehrhaltung fremdgesteuert, sondern machte sich auf, ihr Leben selbst in die Hand zu nehmen.

Nach ihrer Rückkehr absolvierte sie eine Ausbildung zur Grundschullehrerin und wurde nun ganz bewusst „Tante Ruth".

Prominentengeschichte zum 7. Haus: R. W. Fassbinder

Reiner Werner Fassbinder war Bühnenschriftsteller und Filmregisseur, der nur 37 Jahre alt wurde. Trotzdem gehört er zu den künstlerisch prägenden Gestalten der zweiten Hälfte des 20. Jahrhunderts in Deutschland. Sein Leben ist ein Beispiel für diejenigen, die es nicht dauerhaft geschafft haben, das durch Chiron im Horoskop repräsentierte Geschehen dauerhaft zu transformieren.

Als Fassbinder fünf Jahre alt war, trennten sich seine Eltern und er wurde von da an von seiner Mutter erzogen, zu der er nach Aussage seiner Biografen eine lebenslange enge Bindung hatte. Diese Bindung wird teilweise sogar als „krankhaft" beschrieben. Vom Vater soll er abgelehnt worden sein. Mutter und Sohn blieben in Süddeutschland, während der Vater ins Ruhrgebiet zog.

Fassbinders Mutter gibt in einem späteren Interview an: „Meine Beziehung zum Rainer war wie zwischen zwei Kumpeln. Es war keine Mutter-Sohn-Beziehung ...“[1]

Aber die Idylle währte nicht lange. Fassbinders Mutter erkrankt an offener Tuberkulose und geht für Monate in ein Sanatorium. Er lebt abwechselnd im Internat und bei seiner Großmutter mütterlicherseits, die ihn mit Sätzen wie „sei lieb, sonst wird deine Mama wieder so krank" traktiert haben soll. Es muss auf jeden Fall eine schwere Zeit gewesen sein.

Aber es kam noch schlimmer: Fassbinders Mutter heiratete erneut. Damit wurde sie für ihn scheinbar unerreichbar. Tatsächlich versuchte er daraufhin, beim Vater zu leben, aber auch dies misslang. Ein Zuhause im bürgerlichen Sinn, nach dem er sich nach Aussage seiner Mutter gesehnt hat, war ihm danach nie mehr vergönnt.

Indem er die Mutter als Schauspielerin – zunächst wohl gegen ihren Willen – in seine Filme holte und sie zu seiner offiziellen Privatsekretärin machte, hat Fassbinder das alte Verhältnis quasi wiederhergestellt, wenn auch mit umgekehrtem Vorzeichen, denn jetzt war er der Tonangebende. Allerdings wurde sie mit ihrem Mädchennamen geführt, als habe es ihren Ehemann, nach dem sie „Eder" hieß, nicht gegeben. Fassbinders Tod zeigt aber am Ende, dass er mit all dem nicht zurechtgekommen ist.

---

[1] http://www.a-e-m-gmbh.com/andremuller/interview mit liselotte eder.html

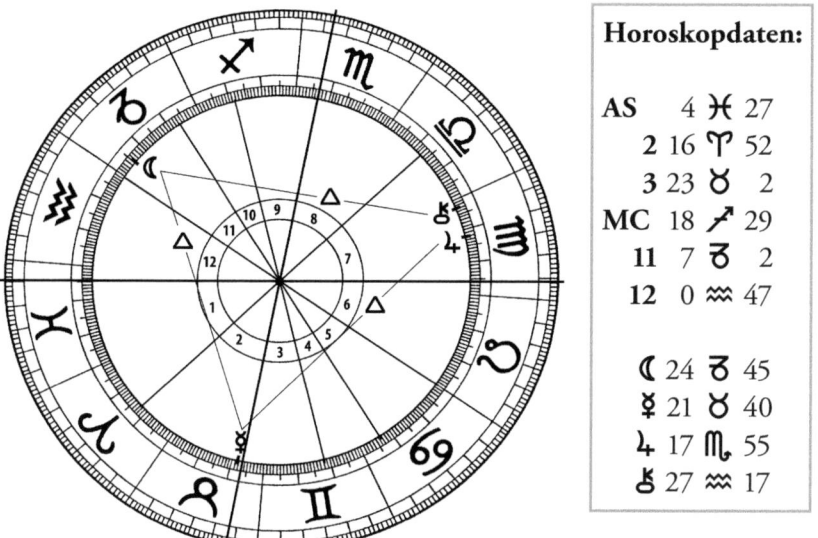

Horoskopdaten:

AS	4	♓	27
2	16	♈	52
3	23	♉	2
MC	18	♐	29
11	7	♑	2
12	0	♒	47

☾	24	♑	45
☿	21	♉	40
♃	17	♏	55
⚷	27	♒	17

Chiron im 7. Haus bildet mit Mond, Merkur und Jupiter eine Dreiecksfigur. Wäre diese geschlossen, handelte es sich um ein großes Talentdreieck. Aber der Abstand zwischen Chiron und Jupiter ist zu groß als dass man von einer Konjunktion sprechen könnte. Das Aspektbild hat also an einer Stelle quasi eine Öffnung. Astrologisch wird eine solche Stelle als Leck betrachtet, ein Loch, aus dem Lebensenergie abfließt und scheinbar verschwindet. Dass dies ausgerechnet im 7., dem Partnerhaus, liegt spiegelt Fassbinders Unfähigkeit dauerhafte Partnerschaften einzugehen.

Seine einzige langdauernde Beziehung war die zu seiner Mutter, repräsentiert vom Mond im Steinbock. Er steht im 11. Haus, dem Haus der sozialen Gemeinschaften. Durch die Beschäftigung in seinen Filmen und als seine Privatsekretärin hat Fassbinder dieses Beziehungsbild bestätigt.

Trotz seiner Homosexualität sind Frauen wichtige intellektuelle Partner für den Künstler gewesen, die die Entfaltung seiner Persönlichkeit förderten. Dies wird von den Trigonen vom Mond zum Merkur und weiter zum Jupiter angezeigt.

Fassbinder hat früh vorausgesehen, dass er nicht lange leben würde. Ob sein Tod Selbstmord oder ein Unfall war, konnte nie geklärt werden. Nach der traumatischen Zurückweisung durch die Kumpel-Mutter ist er keine wirkliche Partnerschaft mehr eingegangen.

Achtes Haus

Das Thema:
10 - 13 Jahre: Ich darf keine offizielle Freundschaft,
keine Bindung eingehen

Könnte es sein, dass du im Alter von 10-13 Jahren eine enge, offizielle, große Freundschaft mit jemandem schließen wolltest und dabei sehr schmerzhaft zurückgewiesen wurdest – eigentlich tut es heute noch weh?

Dieses Erlebnis kann auch im Zusammenhang mit deiner schulischen Entwicklung stehen (vielleicht war der/die Ersehnte ein Lehrer oder eine Lehrerin?).

Während es sich im 7. Haus um Zurückweisungen handelt, die von Personen als gedachten Partnern ausgehen, geht es im 8. Haus um die Vorstellung, die jemand von einer Partnerschaft hat. Zurückgewiesen wird also die Idee.

Die Verletzung muss demzufolge auch nicht von dem vermeintlichen gegenwärtigen oder zukünftigen Partner bzw. einer Partnerin ausgehen. Wenn er oder sie nicht Urheber der Zurückweisung ist, können es Autoritätspersonen (Eltern, Lehrer) sein, es können aber auch die allgemeinen Umstände sein, die das Gefühl vermitteln, etwas nicht zu dürfen, was sonst jedem Anderen selbstverständlich ist.

Auch der Tod kann eine ins Auge gefasste Beziehung zerstören, entsprechend den allgemeinen Zuordnungen zum 8. Haus.

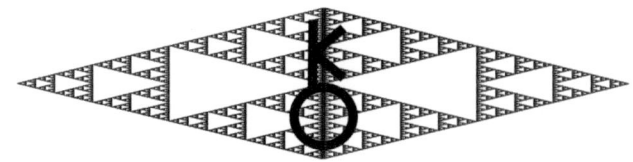

Erste Geschichte zum 8. Haus: Vaterersatz

Othmars Geschichte stammt aus meinem Bekanntenkreis und wurde mir speziell für diese Untersuchung überlassen.

> Othmar erzählte:
> „Ich bin ohne Vater aufgewachsen. In der Grundschule hatte ich dann einen Lehrer, den ich mir quasi zum Ersatzvater ausgeguckt hatte.
> Ich erzählte ihm alles, was mich bewegte, auch er erzählte mir manchmal etwas von sich. Nicht nur in Freiarbeitsphasen, sondern auch wenn er z.B. Pausenaufsicht hatte, war ich ständig in seiner Nähe. In meinen Träumen phantasierte ich, er könnte tatsächlich mein Vater sein.
> Aber als ich dann in der 4. Klasse war, hat er sich einfach woanders hin beworben, war plötzlich weg, ohne dass ich gefragt worden war. Das hat mich unwahrscheinlich verletzt und sehr vorsichtig gemacht, was Beziehungen zu anderen Menschen betrifft."

Othmar gehört heute zu den Menschen, die sich überall absichern. Es gibt keine Versicherung, die er nicht kennt – und vermutlich hat er die meisten auch abgeschlossen. Wann immer man einen Vertrag abschließen möchte, kann man Othmar fragen, er weiß mehr dazu als mancher Jurist. Sogar für eine astrologische Beratung schloss er zunächst mit dem Astrologen einen schriftlichen Vertrag ab; da der Astrologe so etwas noch nie gemacht hatte, erklärte er ihm auch gleich, was darin enthalten sein muss.

Psychologisch kann man leicht schlussfolgern, dass dieses Absicherungsbedürfnis aus der traumatischen Verletzung resultiert, wie sie hier geschildert wurde. Der Lehrer hat seine Beziehung völlig anders gesehen als der Schüler. Eine Klärung fand nie statt. Insofern ist das Vater-Sohn-Verhältnis nur eine Idee gewesen, eine unausgesprochene und unabgesicherte. Die empfundene Zurückweisung führt zu dem Bedürfnis, in Zukunft alles im Leben möglichst vertraglich abzusichern.

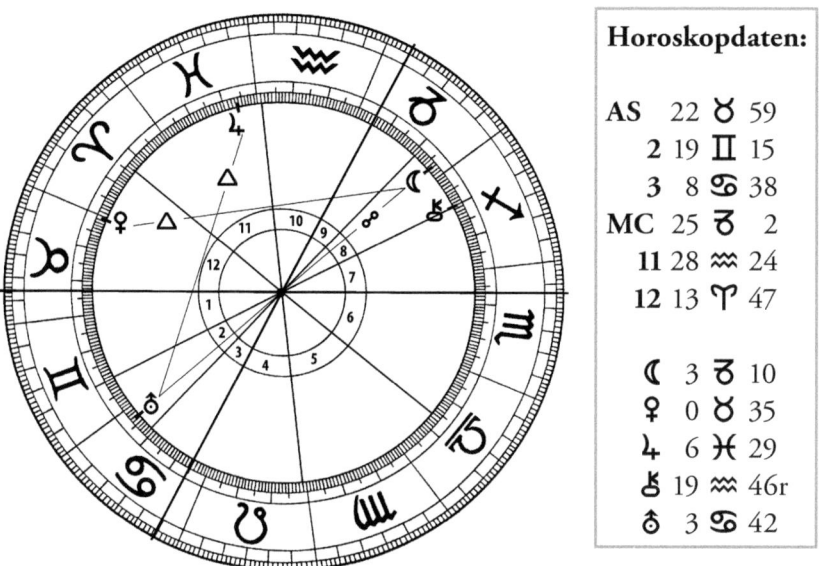

Horoskopdaten:

AS 22 ♉ 59
2 19 ♊ 15
3 8 ♋ 38
MC 25 ♌ 2
11 28 ♒ 24
12 13 ♈ 47

☾ 3 ♌ 10
♀ 0 ♉ 35
♃ 6 ♓ 29
⚷ 19 ♒ 46r
⚶ 3 ♋ 42

Chiron steht in Othmars Horoskop unaspektiert an der Spitze des 8. Hauses. Diese Position bedeutet, dass die chronische Zurückweisung mit einem heftigen Verlust einherging. Die fehlenden Aspekte signalisieren, dass eine direkte Bearbeitung und Transformation der Verletzung nicht möglich war. Es blieb also nur der Ausweg in die generelle Absicherung.

Außer Chiron steht auch noch der Mond in Othmars 8. Haus. Möglicherweise steht die Zurückweisung also auch mit seiner Mutter in Zusammenhang, die er im Verborgenen liebt, wie das Trigon zur Venus im 12. Haus anzeigt. Diese Position lässt erwarten, dass er ihr seine Liebe nie offen gezeigt hat.

Andererseits erlebt er sie als einen Menschen, der häufig unvermutet die Existenzbasis verändert, wofür die Opposition zum Uranus im 2. Haus ein Signifikator ist. Auch dies kann seinen Hang zur Rundumabsicherung im Erwachsenenalter begründen.

Uranus im 2. Haus zeigt für den Horoskopeigner auch wechselhafte finanzielle Verhältnisse an, die jedoch durch das Trigon von Jupiter eher in Richtung von plötzlichen Gewinnen verschoben sind. Damit erscheint sein Absicherungsbedürfnis unnötig. Es wird nur verständlich, wenn man die erlittene chronische Verletzung in die Deutung einbezieht.

Zweite Geschichte zum 8. Haus: Erste Liebe

Im Jahre 2003 wurde mir folgende Geschichte von einer 35 Jahre alten Frau zugeschickt, die für sich selbst spricht:

> Loretta schrieb:
> „Ich war ca. 10 Jahre alt (da ich schon richtig gut schreiben konnte, muss ich mindestens so alt gewesen sein), ich verliebte mich heftig in den Schulfreund meines 4 Jahre älteren Bruders. Ja, ich war unsterblich verliebt und bekam weiche Knie, wenn ich ihn sah, daran kann ich mich nur zu gut erinnern !!
>
> Da mir dieser Junge unendlich viel bedeutet hat und ich großes Vertrauen in ihn hatte, wollte ich ihm meine „Liebe" gestehen und habe ihm einen Brief geschrieben, ich weiß noch wie heute, das muss schon ein richtiges poetisches Werk gewesen sein mit großen Worten von Freundschaft usw. !!
>
> Dann passierte Folgendes: Ich zeigte den Brief meiner Mutter (oder sie fand ihn, ich bin mir nicht mehr ganz sicher), jedenfalls hat sie ihn gelesen und war total entsetzt und verbot mir, dass ich ihn diesem Jungen geben durfte, sie meinte, ich würde mich mit diesem Geständnis total blamieren vor einem 12-13Jährigen und meinen Bruder gleich noch dazu, der SO EINE Schwester hatte!! Ich weiß, dass für mich eine Welt zusammenbrach, denn ich war mir sicher (und bin es heute noch), dass dieser Junge den Brief verstanden und meine Gefühle respektiert hätte, denn er war sehr einfühlsam!
>
> Er hat es also nie erfahren, was ich damals empfunden habe und bis heute kann ich dies meiner Mutter nicht wirklich verzeihen, es ist, als hätte sie für immer in mir etwas zerstört, etwas wie Vertrauen, die Berechtigung, seine Gefühle zuzugeben, sie beim Namen zu nennen. Noch heute fällt es mir schwer, Gefühle zu gestehen, weil ich immer die Angst vor Ablehnung in mir habe oder das Gefühl „so weit darf man nicht gehen, das muss man besser für sich behalten""

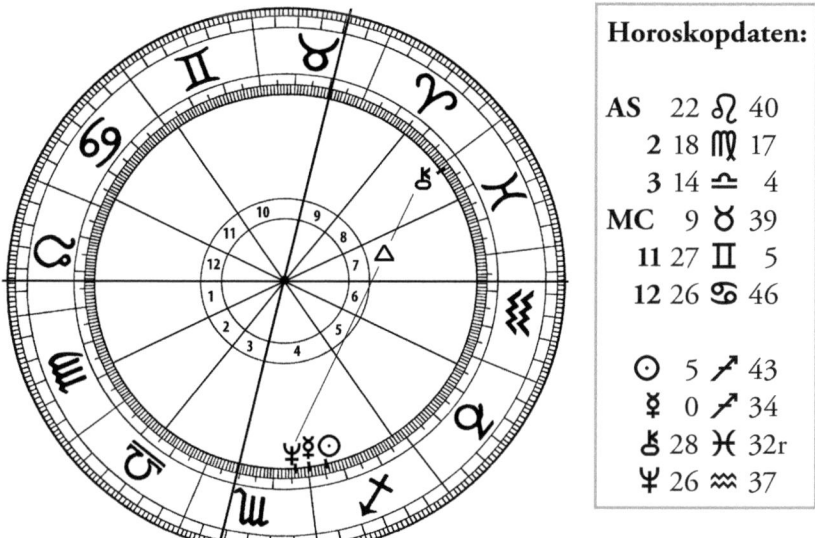

Horoskopdaten:

AS	22	♌	40
2	18	♍	17
3	14	♎	4
MC	9	♉	39
11	27	♊	5
12	26	♋	46
☉	5	♐	43
☿	0	♐	34
⚷	28	♓	32r
♆	26	♒	37

In Loretta Horoskop steht Chiron am Ende des Zeichens Fische im 8. Haus. Er bildet mit Neptun im Skorpion ein Trigon. Dieser Planet ist Signifikator für Imagination und Illusion, für die Fähigkeit ganzheitlichen Denkens und Empfindens. Im fixen Zeichen Skorpion besteht die Gefahr, sich aus inneren Bildern eine fixe Vorstellungswelt zu kreieren, die nur durch Ereignisse wie Schicksalsschläge an die Wirklichkeit angepasst werden kann.

Sonne und Merkur stehen zwar dicht beim Neptun, aber im Nachbarzeichen Schütze. Soweit der Orbis noch von einem Aspekt zu Chiron sprechen lässt, geht dieser vom Wasser- zum Feuerzeichen, wäre astrologisch also als Spannungsaspekt zu betrachten. Die Sonne als Signifikator für Lorettas Persönlichkeitskern steht demnach in Spannung zum Chiron im 8. Haus. Merkur als zuständig für das aktive Denken und Handeln, ist in diese Spannung eingeschlossen.

Insgesamt zeigt die Konstellation an, dass sich Loretta eigene Vorstellungen von der Qualität einer Beziehung macht, bevor sie sie eingeht. Diese Vorstellungen werden jedoch nicht aktiv vertreten und auch deshalb schmerzhaft zurückgewiesen. Solange sie nicht ausspricht, was sie empfindet und erwartet, kann sich die Zurückweisung immer wiederholen. Der von ihr beschriebene Weg, sich zu verschließen, ist ein Irrweg. Hoffentlich hat sie inzwischen einen Partner gefunden, bei dem sie glücklich ist.

Dritte Geschichte zum 8. Haus: Scheidungskind

Die folgende Zuschrift erhielt ich von einem jungen Mann, der zu diesem Zeitpunkt 27 Jahre alt und intensiv auf der Suche nach einer eigenen Identität war.

> Ingmar schrieb:
>
> „Ich habe erst kürzlich mein ausführliches Horoskop erstellt und habe mich auch mit Chiron befasst. Das mit der Zurückweisung ist mir neu, aber es macht durchaus Sinn, betrachtet man Chiron als symbolische Schwachstelle, meist sind solche ja traumatisch.
>
> Eine Sache mit Zurückweisung könnte der Vater sein, meine Eltern haben sich geschieden als ich 10 war und der Verlust des Vaters war damals bei mir traumatisch, oder die Verletzung der Mutter. Außerdem wurde dabei quasi mein Zuhause zerstört.
>
> Wegen meiner Unsicherheit, wie das alles zusammenhängt, möchte ich demnächst eine Familienaufstellung mitmachen, denn da ist ja das Heim betroffen und in der Familienaufstellung behandelt man Probleme mit Ahnen/Herkunft/Heim. Ich bin mal gespannt, was rauskommt. "

Ingmars Wortwahl macht deutlich, dass vor allem seine Vorstellung über die Beziehung seiner Eltern und sein Zuhause zerstört worden war. Dafür gibt er dem Vater die Schuld, denn dessen „Fortgehen" ist für ihn eine objektivierbare Tatsache. Als moderner Mensch in unserer Informationsgesellschaft sucht er also in äußerlichen Fakten den Grund seiner Verletzung und nicht in der eigenen Vorstellungswelt. Allerdings versucht er durch sein Interesse für Astrologie und andere esoterische Bereiche auch einen anderen Ansatz zu finden.

Soweit ermittelbar ist Ingmar jedoch nicht beruflich in diese Bereiche gegangen. Er wird als Diplom-Mathematiker an einer Technischen Universität auf der Liste der ehemaligen Mitarbeiter geführt.

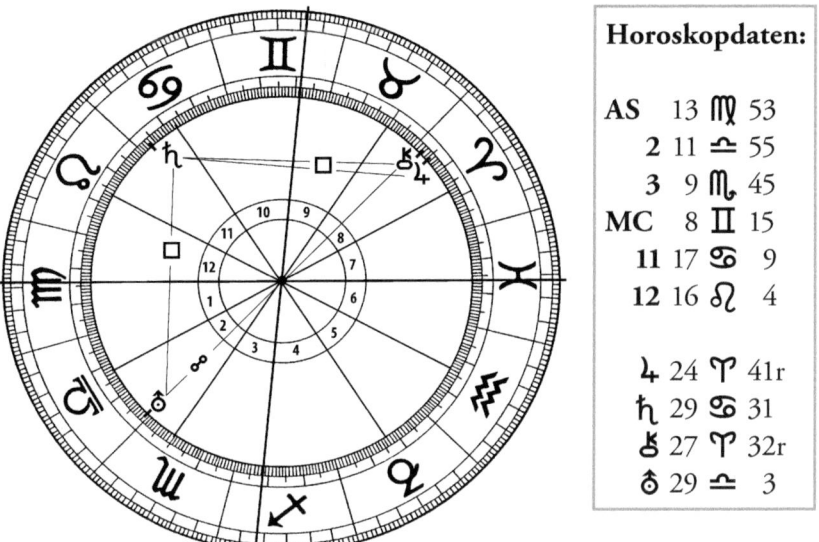

Horoskopdaten:

AS	13	♍	53
2	11	♎	55
3	9	♏	45
MC	8	♊	15
11	17	♋	9
12	16	♌	4
♃	24	♈	41r
♄	29	♋	31
⚷	27	♈	32r
☊	29	♎	3

Chiron steht in Ingmars Horoskop in Opposition zum Uranus im 2. Feld. Dies bedeutet, dass chronische Verletzungen bei ihm plötzliche Ereignisse sind. Uranus in dieser Position zeigt auch an, dass es sich dabei um einen spontanen Verlust von Stabilität handelt.

Das Leistungsdreieck, dessen Basis diese Opposition darstellt, führt zum Saturn, der für Grenzsetzungen steht. Uranus Quadrat Saturn gilt als Anzeiger für Unvereinbarkeit, ein Bild dafür ist das Anrennen gegen die Wände einer Gummizelle. Das 11. Haus, in dem Saturn platziert ist, zeigt gleichzeitig, dass die saturnischen Grenzen gesellschaftlicher Natur sind.

Jupiter verschärft die Spannungssituation, weil seine Beteiligung an der Aspektfigur anzeigt, dass die Auflösung des Leistungsdreiecks unabdingbar für die Entfaltung der Persönlichkeit ist.

Als Lebensaufgabe ist also hier zu sehen, dass der Horoskopeigner seine Ideen ständig an den Grenzziehungen der Gesellschaft abgleichen muss. Trotzdem sollte er plötzliche Umbrüche erwarten, die sich immer dann ergeben, wenn er eine fixe Vorstellung so lange verfolgt, bis sie von der Wirklichkeit längst überholt ist.

Die eigenen Vorstellungen als solche zu erkennen und immer wieder an die Wirklichkeit anzugleichen, ist bei der hier dargestellten Konstellation die einzige Möglichkeit, mit chronischen Verletzungen umzugehen.

Prominentengeschichte zum 8. Haus: James Dean

James Dylan Dean wurde am 7. Februar 1931 in Marion/Indiana geboren. Er wurde früh von seiner Mutter gefördert, bereits im Vorschulalter bekam er Geigenunterricht. Außerdem meldete sie ihn am *College of Dance and Theatre* an, einer privaten Schauspielschule. Mit fünf Jahren trat er erstmals öffentlich auf und zwar als Stepptänzer.

Kurz darauf zogen seine Eltern mit ihm jedoch nach Santa Monica in Kalifornien, wo er zwei verschiedene Grundschulen besuchte, denn die Familie war nicht besonders sesshaft.

Bezugsperson, Mittelpunkt und Inspirationsquelle war immer seine Mutter, mit deren Förderung er seine musisch-künstlerische Ausbildung (Geige und Ballett) fortsetzte, sich aber auch mit Töpfern und Zeichnen beschäftigte. Während sein Vater eher neutral blieb, förderte die Mutter ihren „kleinen Künstler" aktiv. Es wird sogar vermutet, dass sie dies von seiner Geburt an vor hatte und ihm deshalb den Vornamen des romatischen Dichters Byron als Mittelnamen gab.

Im Jahr 1939 wurde Deans Mutter krank, ein Jahr später starb sie an Krebs. Sein Vater sah sich außerstande, allein für ein Kind zu sorgen. So wurde er mit dem Sarg seiner Mutter zurück nach Indiana geschickt, zu Tante und Onkel. Man muss sich diese Reise vorstellen – lediglich in Obhut der Eisenbahn-Kinderbetreuung viele Stunden in eine ungewisse Zukunft zu fahren.

Obwohl seine Verwandten nach besten Kräften versuchten, seine künstlerische Begabung weiter zu fördern, kam es doch zu einem Bruch. Geige und Ballett gab er auf. Nur beim Theaterspielen blieb er und trat in Kirchengemeinde und Grundschule in verschiedenen Stücken auf.

Erst in der Highschool nahm er unter der Lehrerin für Sprecherziehung Adeline Brookshire die systematische Ausbildung wieder auf. Obwohl es sich dort schon herauskristallisierte, dass seine Hauptbegabungen im Bereich Bildende Kunst, Sport und Schauspiel lagen, versuchte er zunächst Jura zu studieren, möglicherweise um seinem Vater einen Gefallen zu tun. Unter Einfluss der Schauspiellehrerin Jean Owen entdeckte er jedoch seine wirkliche Begabung, mit der er am Ende erfolgreich und berühmt wurde. Durch seinen frühen Tod hat die Welt einen aussichtsreichen Künstler verloren.

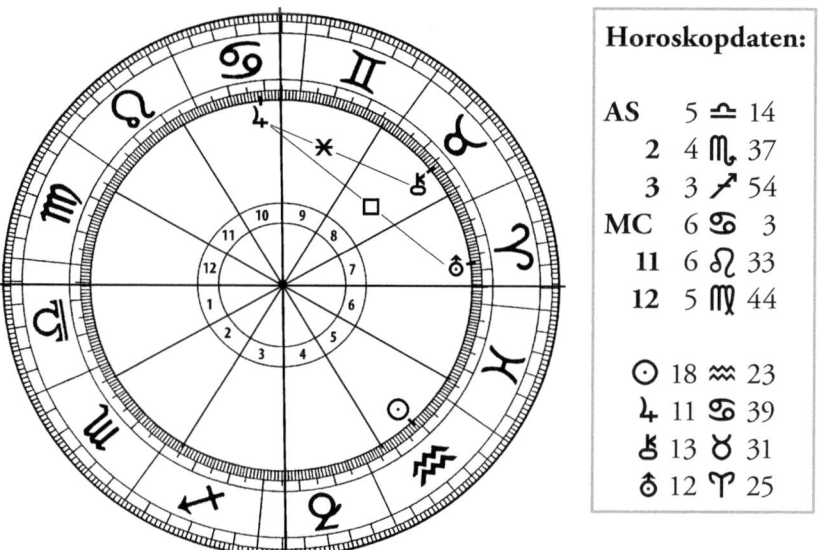

Horoskopdaten:			
AS	5	♎	14
2	4	♏	37
3	3	♐	54
MC	6	♋	3
11	6	♌	33
12	5	♍	44
☉	18	♒	23
♃	11	♋	39
♅	13	♉	31
⚷	12	♈	25

Chiron im 8. Haus steht im Horoskop von James Dean im Sextil zu Jupiter im 10. Haus. In diesem Haus findet man nicht nur den Beruf, sondern auch die Erfahrungen, die der Horoskopeigner mit dem direkt erziehenden Elternteil gemacht hat. Jupiter zeigt hier die wichtige Rolle der Mutter an. Das Sextil lässt sich dahingehend deuten, dass Dean die chironische Verletzung nicht der Mutter angelastet hat. Ein Indiz dafür ist auch die Tatsache, dass er sich als wichtigste Förderinnen seiner Schauspielkunst in der Jugend zwei Frauen ausgesucht hat.

Das Quadrat zwischen Jupiter und Uranus bedeutet, dass James Dean eher das Schicksal, eine nicht zu beeinflussende Macht von außen, für den großen Umbruch in seinem Leben verantwortlich gemacht hat.

James Deans Horoskop zeigt Jupiter, die Entfaltung der Persönlichkeit im Berufshaus, was für einen erfolgreichen Künstler spricht. Die unaspektierte Wassermann-Sonne im 5. Haus, dem Haus der Kreativität, zeigt dies gleichzeitig an. Nach Gertrud Hürlimann gilt Wassermann unter anderem als Signifikator für Rhythmik, die ja sowohl im (Stepp-)Tanz als auch beim Schauspielern generell gefragt ist. Im Lebenslauf von James Dean zeigt sich zu allen Zeiten der kreative künstlerische Persönlichkeitskern. Durch seinen Erfolg mit der schauspielerischen Karriere hat er nicht nur sich selbst, sondern auch das Vermächtnis seiner Mutter verwirklicht.

Neuntes Haus

Das Thema:
12 - 14 Jahre: „Ich darf meinen Horizont nicht erweitern, wie ich will"

Könnte es sein, dass dir im Alter von 12-14 Jahren der Besuch einer höheren Schule oder ein Auslandsaufenthalt verboten wurde?

Du hast das als sehr ungerecht empfunden und glaubst eigentlich heute noch, dass dir da eine wesentliche Chance entgangen ist.

Das 9. Haus ist in der klassischen astrologischen Lehre der Bereich der höheren Bildung, Philosophie, Religion und der Beziehungen zum Ausland. Im Kontext des Partnergedankens im 3. Quadranten könnte man sagen, dass es hier nicht um eigene Ideen von Partnerschaft wie im 8. Haus geht, sondern um die Ideen Anderer, die aufzunehmen und zu verarbeiten sind.

Zurückweisungen in diesem Bereich sind häufig Eingriffe in die gewünschte Schullaufbahn, die als traumatisch und ungerecht empfunden werden. Eine Kompensation kann ein besonderes Lerninteresse in Bezug auf die Inhalte höherer Bildung sein,

Die Erweiterung der Erfahrungswelt, die das 9. Haus jedenfalls symbolisiert, zeigt sich auch beim Erlernen von Fremdsprachen und bei Auslandsaufenthalten oder -kontakten. Zurückweisungen in diesem Bereich können im späteren Leben entsprechend kompensiert werden.

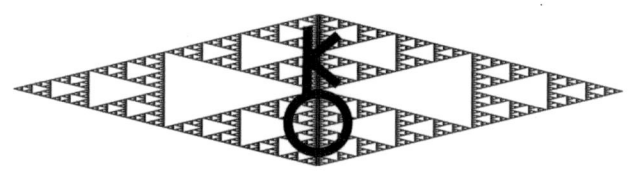

Erste Geschichte zum 9. Haus: Schule lebenslänglich

Die folgende Geschichte ist eine derjenigen, die mich zur Aufstellung der hier dargestellten Hypothese veranlasst haben.

> Lea erzählte:
> „Ich war immer eine sehr gute Schülerin, Lernen hat mir einfach Spaß gemacht. Aber als es dann darum ging, dass ich nach der sechsten Klasse aufs Gymnasium wollte, wie die anderen Kinder aus meiner Klasse, die genauso gut waren wie ich, haben meine Eltern mir das verboten.
>
> Es war das übliche Argument: Mädchen brauchen keine Höhere Schule, die heiraten ja doch und sind dann versorgt. Also blieb ich auf der Volksschule. Ich glaube, das war der Knacks in der Beziehung zu meinen Eltern.
>
> Später durfte ich dann wenigstens auf die Handelsschule und dann bin ich so schnell wie möglich von zuhause weg."

Als Lea mir dies berichtete, war sie schon in der zweiten Hälfte eines abwechslungsreichen Lebens. Nach der Handelsschule hatte sie als Sekretärin gearbeitet, in Abendkursen mehrere Fremdsprachen nicht nur sprechen, sondern auch schreiben und stenografieren gelernt.

Dann war sie ins Ausland gegangen, hatte dort in Speditionsfirmen als mehrsprachige Korrespondentin gearbeitet und so ihren späteren Mann kennengelernt. Mit ihm war sie nach Deutschland zurückgekehrt. Tatsächlich war sie dann einige Jahre nur für ihre Familie tätig, aber sobald das jüngste Kind es zuließ, begann sie wieder zu arbeiten – als Schulsekretärin.

Obwohl sie dort schlecht bezahlt wurde und einen Teil ihrer Qualifikationen nicht einsetzen konnte, wurde sie die gute Seele einer ganzen Schule. Kennern der Verhältnisse war deutlich, dass sie die organisatorischen Abläufe „ihrer" Schule besser kannte als der Schulleiter.

Aus der nie richtig verschmerzten Zurückweisung, keine höhere Schule besuchen zu dürfen, wurde bei Lea ein überdurchschnittliches Engagement für eine Schule bis zum Ende ihrer Berufstätigkeit.

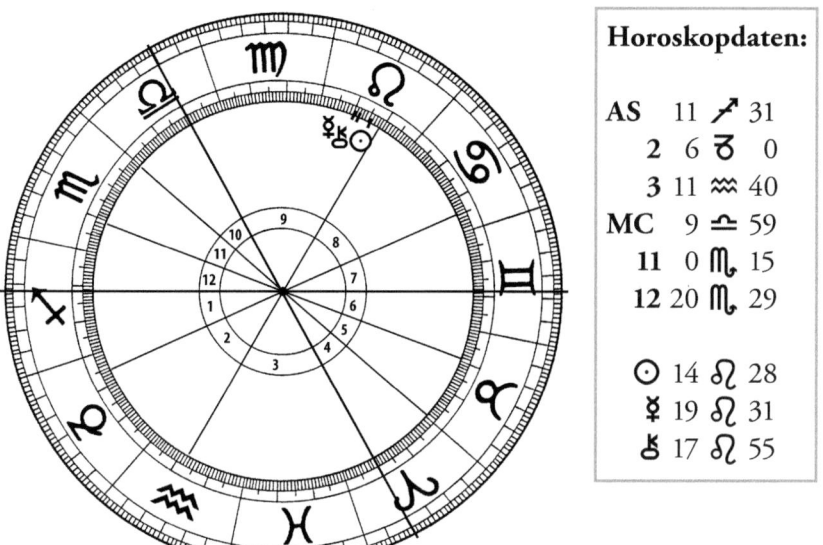

Horoskopdaten:

AS 11 ♐ 31
2 6 ♑ 0
3 11 ♒ 40
MC 9 ♎ 59
11 0 ♏ 15
12 20 ♏ 29

☉ 14 ♌ 28
☿ 19 ♌ 31
⚷ 17 ♌ 55

Wenn man Merkur und Sonne in Leas Horoskop ansieht und sich dabei Chiron wegdenkt, könnte man es als „Gelehrtenhoroskop" bezeichnen. Die Sonne, die den Persönlichkeitskern symbolisiert, steht in Konjunktion mit Merkur, der auch für Denken und Lernen steht, im 9. Haus. Aber dazwischen steht Chiron. Rechnerisch entspricht seine Position zwar nicht der genauen Halbsumme So/Me, aber man kann sie trotzdem als Prohibition bezeichnen. Chiron zeigt also hier an, dass es zwischen Sonne und Merkur ein Hindernis gibt, eine Blockade, die verhindert, dass die Horoskopeignerin ihre Anlagen im Denken und Lernen unmittelbar einsetzt.

Die Sonne steht im Löwen im eigenen Zeichen, dies ist eine besonders starke Stellung. Sie begründet, dass Lea sich entgegen allen Widerständen durchgesetzt hat. Sie hat Fremdsprachen gelernt, für die sie mit ihrer Volksschulbildung eigentlich keine Voraussetzungen hatte. Sie hat beruflich Tätigkeiten ausgeübt, die normalerweise Menschen mit Abitur vorbehalten sind. Und sie ist am Ende in die Schule zurückgekehrt, die sie nach eigenem Erleben vorzeitig verlassen musste.

Sicher gab es in Leas Altersklasse viele, die, weil sie Mädchen waren, nur eine einfache Schul- und Ausbildung erhielten. Wer dies als dauerhafte Verletzung erfahren hat, kann die Chironposition im Horoskop zeigen.

Zweite Geschichte zum 9. Haus: Auswanderer

Diese Geschichte wurde mir 1992 zugeschickt, als Volkmar 45 Jahre alt war.

Volkmar schrieb:

„Zunächst vielen Dank für deine Anfrage vom 22.11. mit deiner Hypothese.

Zuerst dachte ich, du spinnst und wollte sofort eine E-Mail zurückschreiben. Doch dann dachte ich mir, so eine Hypothese fällt ja nicht vom Himmel, also lass es sein und denke darüber nach. Habe dann mir dann die Zeit genommen und gedacht und versucht, die Bruchstücke der Erinnerung in den alten Unterlagen gegenzuprüfen. Ergebnis:

Ich wollte in der Wende 12/13. Lebensjahr unbedingt ins Internat. Die Eltern waren zuerst dagegen, haben sich dann aber umgehört. Es sollte entweder SALEM oder ein Internat in der Nähe unseres Wohnortes sein. Gescheitert ist die ganze Sache am Einspruch meiner Mutter. Die war nicht bereit, das Geld auszugeben.

Zwar kam ich mit 15 dann doch endlich in ein Internat, aber das war ein ganz anderes. Ich denke immer noch, eins der ersteren wäre besser gewesen.

Ebenfalls durfte ich mit 13 nicht eine Einladung nach England von meiner Schwester annehmen, die zu dem Zeitpunkt dort Au Pair war bei sehr netten Leuten – Grund ebenfalls meine Mutter mit ihren Einwänden.

Das Herausfinden dieser Vorgänge hat einiges an Überwindung gekostet, war es aber wert für mich selber. Dafür möchte ich meinen Dank aussprechen. "

Für Volkmar war also der Text über eine mögliche traumatische Zurückweisung, die durch Chiron im 9. Haus angezeigt wird, der Anstoß für ein gutes Stück Arbeit an der eigenen Biografie. Als er mir schrieb, lebte er bereits nicht mehr in Deutschland, er war ausgewandert und machte in seinem neuen Heimatland Karriere.

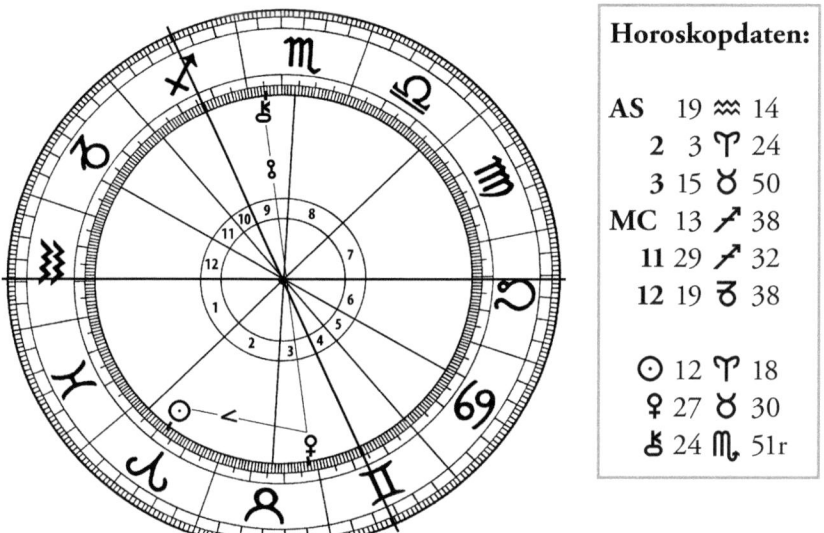

Horoskopdaten:

AS	19	♒	14
2	3	♈	24
3	15	♉	50
MC	13	♐	38
11	29	♐	32
12	19	♑	38
☉	12	♈	18
♀	27	♉	30
⚷	24	♏	51r

Eigentlich har Volkmar zwei Vorfälle berichtet, aber wenn man sein Horoskop betrachtet, findet man schnell heraus, welche der beiden Zurückweisungen von ihm als wirklich traumatisch erfahren wurde.

Die Venus im dritten, dem Geschwisterhaus, symbolisiert seine Schwester. Die Opposition zwischen Chiron und Venus zeigt an, dass eine Spannung zwischen den Geschwistern bestand. Diese oppositionelle Spannung wird auch mit der Spannung zwischen zwei Tennisspielern verglichen: sie spielen gegeneinander, aber auch miteinander; der eine ist ohne den anderen nicht denkbar. Wenn eine solche Beziehung zwischen Volkmar und seiner Schwester bestand, wie sie im Horosop angezeigt ist, war es natürlich eine besonders harte Zurückweisung, dass er ihrer Einladung nach England nicht folgen durfte. Kein Wunder, dass er sich mehr als dreißig Jahre später noch daran erinnerte.

Die Venus bildet ein fast minutengenaues Halbquadrat zur Sonne, dem Persönlichkeitskern. Es handelt sich dabei um einen analytischen Aspekt, der anzeigt, dass der Horoskopeigner Interesse an vertieften Erkenntnissen der beteiligten Prinzipien hat. Diesem Aspekt entspricht, wie Volkmar in seiner Zuschrift deutlich gemacht hat, dass er an einer Auseinandersetzung mit seiner Geschichte und der Entwicklung seiner Persönlichkeit in besonderem Maß interessiert ist.

Dritte Geschichte zum 9. Haus: Spätberufen

Die folgende Geschichte wurde mir 2002 zugeschickt:

Brunhild schrieb:

„Schon als ich in der vierten Gymnasialklasse war, wurde mir gesagt, dass ich kein Abitur machen sollte, sondern einen Handelsschulabschluss, obwohl ich auf dem Gymnasium eine gute Schülerin war.

Auf Wunsch meines Vaters machte ich also mit 14 die Aufnahmeprüfung in die Handelsakademie und hatte Glück! Ich wurde nicht aufgenommen.

Ein Stein fiel mir vom Herzen! Das Kaufmännische hat mich so überhaupt nicht interessiert, mein Interesse galt vor allem der Philosophie und der Mathematik. Allerdings hat sich mein Vater nach dem Abitur (ich war 18 Jahre alt) durchgesetzt: Ich durfte nicht studieren. Mathematik hätte ich gerne studiert, er aber wollte, dass ich etwas Praktisches mache, denn Mädchen heiraten sowieso und bekommen Kinder, da wollte er nicht unnötig Geld investieren. Ich leistete zunächst passiven Widerstand, indem ich mich bei den Vorstellungsgesprächen so dumm stellte, dass mich niemand einstellte.

Aber nach einem halben Jahr starb mein Vater ganz plötzlich. Er war 45 Jahre alt, und da nach seinem Tod nur Schulden vorhanden waren, wie sich herausstellte, musste ich einen Job finden. Was dann als Biographie folgte, war kein Honigschlecken.

Erst als meine Kinder groß waren konnte ich wieder Luft holen – mit 54 Jahren begann ich mit einem Astrologie-Studium und seither bin ich in meinem Element! Mathematik, Philosophie, Mythologie, Geschichte – bis an mein Lebensende habe gibt es noch viel zu tun! Über die Astrologie finde ich die Möglichkeit, sehr tief in mich hineinzuschauen, mich mit meinem Vater und meinem Schicksal auszusöhnen."

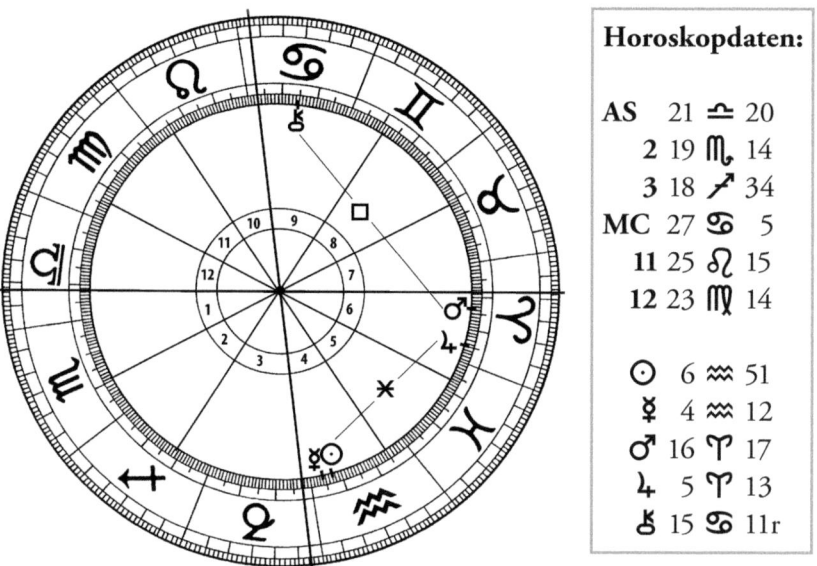

Horoskopdaten:

AS	21	♎	20
2	19	♏	14
3	18	♐	34
MC	27	♋	5
11	25	♌	15
12	23	♍	14
☉	6	♒	51
☿	4	♒	12
♂	16	♈	17
♃	5	♈	13
⚷	15	♋	11r

Chiron steht in Brunhilds Horoskop im 9. Haus im Krebs im Quadrat zum Mars im Widder. Der Mars steht fast 5° vor dem Deszendenten, ist also noch dem 6. Haus zuzurechnen. Diese Konstellation zeigt an, dass die durch Chiron demonstrierte Verletzung eine aggressive innere Spannung bewirkt, die die Anpassung an die alltäglichen Anforderungen des Lebens erschwert. Auch psychosomatische Krankheiten wie z. B. Migräneanfälle können aus einer solchen Spannung resultieren. Mars steht unterhalb der Horizontlinie, deshalb sind Wutausbrüche nach außen eher seltener. Da sowohl Chiron als auch Mars keine weiteren Aspekte bilden, ist eine direkte Auflösung des Quadrats höchstens in der Form möglich, dass durch eine intensive körperliche Betätigung wie möglicherweise Sport die marsische Energie in andere Kanäle geleitet wird.

Die Sonne-Merkur-Konjunktion im Wassermann ist ein Signifikator für intensive wissenschaftliche Interessen. Diese sind im Kontext ihrer Familie verankert, denn sie wurde ja zunächst auf das Gymnasium geschickt.. Das Sextil zum Jupiter, den Mars im 6. Haus ergänzt, zeigt an, dass Wissenserwerb in besonderer Weise den Wesenskern erfüllt und die Persönlichkeit erweitert. Brunhilds Geschichte ist also eine deutliche Bestätigung dessen, was ihr Horoskop zeigt.

Prominentengeschichte zum 9. Haus: Alain Delon

Alain Fabien Maurice Marcel Delon wurde am 8. November 1935 in Sceaux bei Paris geboren. Als er vier Jahre alt war, ließen sich seine Eltern scheiden und gaben ihn zu Pflegeeltern. Aber diese starben bald darauf. Die folgenden Jahre sind gekennzeichnet von wechselnden Aufenthalten in Internaten und Rückkehrversuchen zu seinen inzwischen wieder mit jeweils anderen Partnern verheirateten Eltern. Alain galt als schwererziehbar und wurde von insgesamt sechs Schulen verwiesen. Er muss sich wirklich extrem schlecht benommen haben, denn Internate sind Privatschulen und diese schicken Kinder zahlender Eltern nur ungern vor die Tür. Außerdem war er durchaus kein schlechter Schüler, zeitweise wollten ihn seine Lehrer sogar zur Priesterlaufbahn überreden.

Aber der junge Delon plante offensichtlich eine Karriere als Gangster und Mafiosi. Im Alter von 12 Jahren riss er zusammen mit einem Gleichaltrigen aus, um nach Chicago zu gehen, der damaligen Metropole der organisierten Kriminalität. Sein Ziel war zu diesem Zeitpunkt also durchaus nicht die Filmwelt – da wäre Hollywood das Ziel gewesen. Aber der Traum wurde zerstört, die Polizei griff die beiden Kinder auf und es ging zurück in die katholische Internatsschule.

Mit 14 wurde er zum 6. Mal von einer Schule verwiesen, ging zu seiner Mutter und erlernte bei ihrem neuen Mann, seinem Stiefvater, Feinkost herzustellen. Diese nur in Frankreich übliche Berufsausbildung (weder Fleischer noch Koch, sondern etwas dazwischen) schloss er erfolgreich ab und ging dann als Fallschirmspringer zur Armee. Er kämpfte im Indochina-Krieg, wurde aber wegen Disziplinlosigkeit unehrenhaft entlassen.

Danach schlug er sich mit Gelegenheitsjobs durch, bis er ab 1955 einer Schauspielausbildung folgte und 1957 in Cannes für den Film entdeckt wurde. Sein Image war das des „hübschen Jungen", er wurde sogar als weibliche Brigitte Bardot bezeichnet.

Aber in seinen Rollen fand er seine alte Liebe zur Unterwelt wieder. Er spielte vorzugsweise Bösewichte und Verbrecher, ganz entgegen seinem Image. Zeitweise hatte er tatsächliche Kontakte zur Mafia. Eigene Straftaten ließen sich jedoch nie nachweisen und so blieb ihm die Kompensation als Filmgangster.

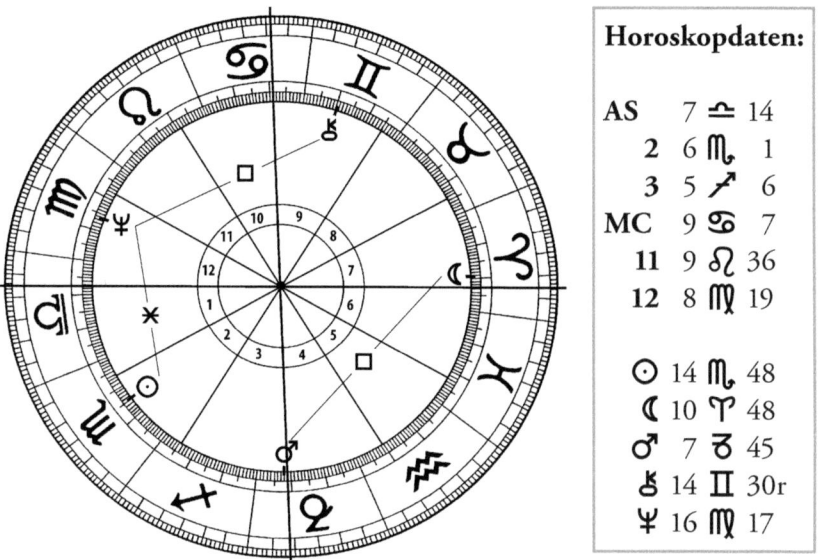

Horoskopdaten:

AS	7 ♎ 14
2	6 ♏ 1
3	5 ♐ 6
MC	9 ♋ 7
11	9 ♌ 36
12	8 ♍ 19
☉	14 ♏ 48
☽	10 ♈ 48
♂	7 ♑ 45
⚷	14 ♊ 30r
♆	16 ♍ 17

Im Horoskop von Alain Delon steht Chiron im 9. Haus in den Zwillingen im Quadrat zum Neptun im 12. Haus. Die Neptunposition lässt auf heimliche Illusionen schließen, im Jungfrauzeichen darüber, wie man in der Welt zurechtkommt. Auch aus seiner Biografie geht hervor, dass Delon lange gebraucht hat, sich an die Wirklichkeit anzupassen. Das Sextil zwischen Neptun und Skorpionsonne zeigt an, dass diese die Bildung von falschen fixen Ideen gefördert hat. Die Zurückweisung seiner Vorstellungen, als deren Signifikator sie anzusehen ist, wird also mehr als einmal erfolgt sein.

Delons Eltern ließen sich scheiden, als er vier Jahre alt war. Der Mars an der Spitze des 4. Hauses signalisiert, dass er zuvor aggressives Verhalten durch seinen Vater erlebt hat. Mars steht im Steinbock in Exaltation, d. h. Übersteigerung. Das Quadrat zum Mond im Widder deutet darauf, dass er Auseinandersetzungen zwischen Vater und Mutter erlebt hat, bei denen der Vater offene und die Mutter versteckte Aggressivität zeigten (Mond im Widder). Solche Auseinandersetzungen, vor dem 4. Lebensjahr erlebt, hinterlassen Prägungen. In Verbindung mit der durch Chiron angezeigten Zurückweisung seiner geheimen Illusionen, wurden alle Mitmenschen seine Gegner. Erst als er in seinen Rollen die inneren Konflikte ausleben konnte, hatte er die Chance zu einem bürgerlichen Leben.

Vierter Quadrant

Die Häuser 10, 11 und 12 bilden den vierten, den sogenannten Gesellschaftsquadranten. Öffentlichkeit und die Gesellschaft, in der man lebt, sind sein Bereich und alle im Horoskop abgebildeten Vorgänge haben mit sozialen Verhältnissen zu tun.

Zehntes Haus

Das Thema:
13 - 15 Jahre: „Ich darf mein Lebensziel/meinen Beruf nicht wählen, wie ich will"

Nach meiner Hypothese besagt die Chiron-Position in deinem Horoskop, dass du Schwierigkeiten hattest, den gewünschten Beruf zu ergreifen. Es kann sein, dass es vorübergehende Schwierigkeiten waren, die sich jedoch dann auflösten. Es kann sein, dass du total zurückgewiesen worden bist und etwas Anderes lernen musstest. Es kann aber auch sein, dass du den gewünschten Beruf gelernt hast, dann aber nicht ausüben konntest.

Das zehnte Haus gibt an, wie man sich in der Welt präsentiert. Man bezeichnet es auch als das „öffentliche Zuhause", der Bereich von Berufstätigkeit und Ehrenämtern, der am ehesten nach außen sichtbar ist und wo man nach außen wirkt. Da die Berufsausübung heutzutage in vielen Fällen als Methode der Selbstverwirklichung gesehen wird, ist auch dieser Bereich angesprochen.

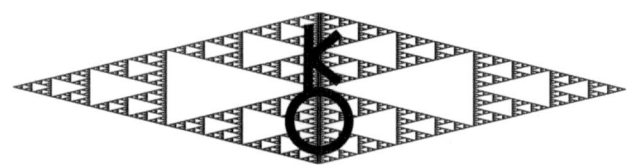

Erste Geschichte zum 10. Haus: Schichtarbeit

Die folgende Geschichte wurde mir bereits in den 90er Jahren berichtet.

> Charlotte erzählte:
>
> „Ich hatte immer gedacht, ich sei der Liebling meiner Mutter und könnte von ihr alles haben. Aber als ich ihr mit 13-14 Jahren erzählte, ich wollte Krankenschwester werden, erlebte ich eine schlimme Enttäuschung.
>
> Sie war überhaupt nicht mit meinem Berufswunsch einverstanden, redete tagelang auf mich ein und brachte es schließlich soweit, dass ich diesen Beruf aufgab. Ihr Hauptargument war, dass man als Krankenschwester Schichtdienst machen muss und sich das nicht mit einer Familie und Kindern vereinbaren lässt.
>
> Irgendwie hatte ich aber so die Nase voll, dass ich mir einen Beruf nur unter dem Gesichtspunkt aussuchte ‚wie komme ich am schnellsten von daheim weg'. Zufällig hörte ich von einer künstlerischen Technikerausbildung, für die es in ganz Deutschland nur in Kassel eine Schule gab, und die machte ich dann. Danach suchte ich mir einen Arbeitsplatz in einer Stadt ca. 200 km entfernt von Zuhause. Da bin ich nur noch als Besuch hingekommen.
>
> Der Witz ist aber, dass ich in diesem Beruf auch Schichtarbeit machen muss, andere Stellen gibt es gar nicht."

Grundsätzlich hatte Charlotte ihren Traum aber nie aufgegeben. Mitte ihres 3. Lebensjahrzehnts absolvierte sie in Abendkursen eine Ausbildung zur Podologin (medizinische Fußpflegerin) und zu der Zeit, als sie obige Geschichte erzählte, war sie dabei sich eine eigene Praxis aufzubauen. Das medizinische Pflegen und Betreuen war immer noch ihr Anliegen.

Das war auch daran erkennbar war, dass sie gleich auf Anfragen mehrerer Alten- und Pflegeheime einging und dort regelmäßig als Fußpflegerin tätig war. So hat sie die Verletzung durch die erfahrene Zurückweisung geheilt und zur eigentlichen Berufung gefunden.

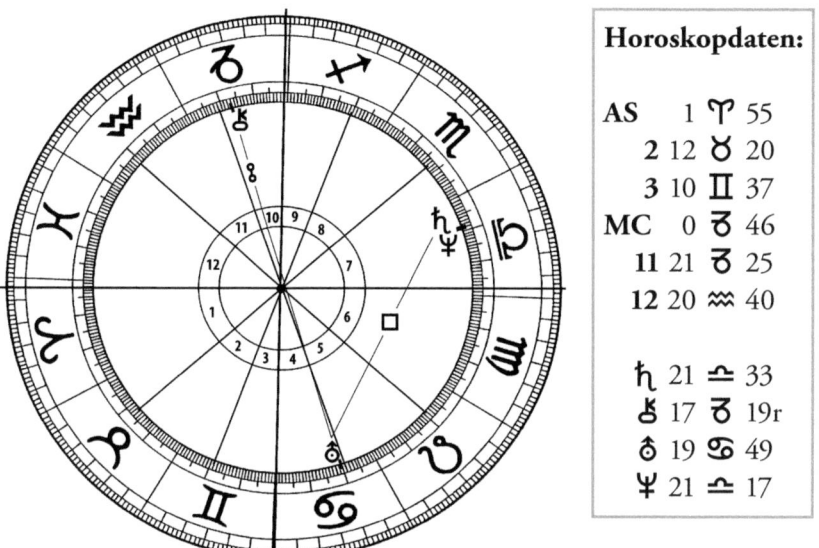

Horoskopdaten:

AS	1 ♈ 55
2	12 ♉ 20
3	10 ♊ 37
MC	0 ♑ 46
11	21 ♑ 25
12	20 ♒ 40
♄	21 ♎ 33
♷	17 ♑ 19r
♅	19 ♋ 49
♆	21 ♎ 17

Chiron steht in Charlottes Horoskop im 10. Haus im Steinbock in Opposition zum Uranus im Krebs. Er repräsentiert hier eine nicht-technische Tätigkeit, im Gegensatz zum Technik-Planeten Uranus.

Die Tätigkeit als moderne Podologin vereint allerdings diesen Widerspruch, denn bei ihrer Tätigkeit wird mit verschiedenen Geräten, auch elektrisch betriebenen, gearbeitet. Auf diese Weise lassen sich beide Prinzipien verwirklichen und zwar besser als mit einer rein pflegenden Tätigkeit möglich gewesen wäre.

Uranus steht an der Spitze des 5. Hauses, damit ist angezeigt, dass uranische Symbolinhalte sehr stark mit der Selbstverwirklichung der Horoskopeignerin verknüpft sind. Der tatsächlich zunächst ausgeübte Beruf im künstlerisch-technischen Bereich entsprach dieser Anlage durchaus.

Uranus bildet allerdings ein Quadrat zu einer Saturn-Neptun-Konjunktion im 7. Haus, dem Begegnungshaus. Die Konjunktion bedeutet zunächst, dass Charlotte Probleme hat, sich Menschen zu öffnen (Saturn) und sich häufig falsche Vorstellungen über ihre Gegenüber macht (Neptun). Der Spannungsaspekt zeigt an, dass diese Schwierigkeiten die Entfaltung ihrer Persönlichkeit blockieren können. Dies macht sich wahrscheinlich in einer freien Podologen-Praxis stärker bemerkbar als bei festen Sprechstunden in Altenheimen, so dass hier tatsächlich das beste Arbeitsfeld für Charlotte ist.

Zweite Geschichte zum 10. Haus: Autoverkäufer

Im Jahre 2001 wurde mir die folgende Geschichte zugeschickt:

Dennis schrieb:

„Solange ich denken kann habe ich mich für Autos interessiert. In meiner Jugend verbrachte ich meine ganze Freizeit in einer Werkstatt ein paar Häuser weiter, guckte den Mechanikern über die Schulter und half auch schon mal mit. Daheim gab es immer Ärger, denn natürlich war ich immer schmutzig, wenn ich heim kam. Außerdem hatten meine Eltern keine höhere Schule besucht und Angst, ich würde die Mittelschule nicht schaffen, wenn ich mich dauernd „herumtrieb". Für mich war das ziemlich egal, denn ich wollte Automechaniker werden, dafür reichte auch die Volksschule.

Aber es kam ganz anders. Mein Vater war ein kleiner Beamter, er wollte nicht, dass ich so einen niedrigen Beruf lerne, sondern etwas „Besseres". Deshalb musste ich einen Büroberuf lernen, wo man jeden Tag in Anzug und Krawatte zur Arbeit geht. Später machte ich dann noch eine Steuerberater-Ausbildung und arbeitete mich hoch zum Buchhalter.

Aber die Autos ließen mich nicht los. Als ich Mitte dreißig war, traf ich einen Kumpel, der Autos aus Leasing-Verträgen von großen Banken übernahm und als Gebrauchtwagen weiterverkaufte. Weil ich mich immer für Autos interessiert hatte, konnte ich ihm ganz gute Tipps geben, welche Schwächen dieses oder jenes Modell hatte, was sich am schnellsten abnutzt und worauf man achten muss. Zuerst half ich ihm nur nebenher, dann kratzte ich meine ganzen Ersparnisse zusammen und kaufte mich bei ihm ein. Wir wurden Geschäftspartner. Er ist jetzt für den Einkauf zuständig, ich taxiere die Autos und verkaufe sie weiter.

So habe ich am Ende doch einen Auto-Beruf und übe ihn aus, wie mein Vater mich haben wollte! "

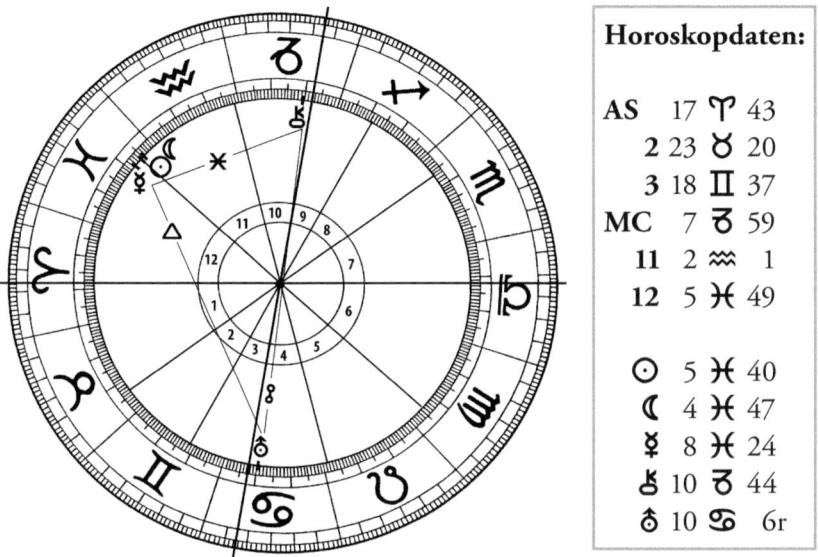

Horoskopdaten:

AS	17	♈	43
2	23	♉	20
3	18	♊	37
MC	7	♑	59
11	2	♒	1
12	5	♓	49
☉	5	♓	40
☽	4	♓	47
☿	8	♓	24
♅	10	♑	44
⚷	10	♋	6r

Chiron ist in Dennis' Horoskop eingebunden in ein Ambivalenzdreieck mit Uranus und Merkur. Vor allem die Verbindung zu Merkur charakterisiert sein Talent als Verkäufer, der er am Ende ja auch geworden ist. Die Position von Merkur in den Fischen zeigt an, dass er nicht so sehr Waren als Träume verkauft – sein Geschäft sind große Autos (die zuvor z. B. Bankdirektoren gehört haben), die für die Käufer ein Traum sind, den sie sich nur gebraucht leisten können. Diese Verkäufe finden nicht auf einem Markt oder in einem öffentlichen Raum statt, sondern die Verhandlungen haben eher geschlossenen Charakter, dies ist durch das 12. Haus dargestellt. Die nahe Stellung von Sonne und Mond, die jedoch selbst keinen Aspekt mehr zu Chiron bilden, zeigt an, dass Dennis hier sein innerstes Wesen einbringt und verwirklicht.

Uranus steht im 4. Haus, das lässt darauf schließen, dass die technische Begabung, für die dieser Planet der Signifikator ist, vom Vater geerbt ist. Die Opposition zu Chiron deutet auf die ständige Spannung, die die chronische Verletzung hinterlassen hat. Diese Spannung liefert aber zugleich die Antriebsenergie, am Ende doch noch ein Lebensziel zu finden, in dem sich sowohl der Wunsch des Vaters als auch das eigene Interesse miteinander vereinen lassen.

Dritte Geschichte zum 10. Haus: Heilerin

Die besondere Geschichte dieser Frau ist noch nicht zuende, soweit bekannt, wird sie hier erzählt:

> Diane berichtete:
>
> „Als ich 13-14 Jahre alt war wurde ich konfirmiert, das wurde bei uns auf dem Dorf als großes Fest gefeiert. Danach galt man als erwachsen. So handhaben es auch meine Eltern. Am Tag danach holte mich meine Mutter ins Schlafzimmer, wo sie in einer Ecke so etwas wie einen Schreibtisch hatte, an dem sie Post erledigte. Sie klärte mich über unsere Familienfinanzen auf.
>
> Das war ein Schock. Vorher war mir eigentlich nie klar gewesen, woher unser Geld kam. Jetzt wurde mir klar: Wir waren arm. Damit wurde auch klar: Ich würde meinen Berufswunsch, Medizin zu studieren, nicht verwirklichen können.
>
> Tagelang war ich wie vor den Kopf gestoßen. Das Schlimmste: Ich konnte niemand die Schuld geben. Die Umstände waren eben so. Meine Eltern waren immer gut zu mir. Aber wir hatten kein Geld."

Diane hat sich zunächst in eine ganz andere Richtung orientiert. Nach der Schule ging sie nach Hamburg, jobbte nachts als Kellnerin und machte eine Schauspiel- und Musical-Ausbildung. Sprechen, Singen und Tanzen füllten ihr Leben. In der knappen Freizeit beschäftigte sie sich mit fernöstlichen Meditationstechniken.

Nach den Abschlussprüfungen kehrte sie in ihre Heimat zurück und versuchte sich in einigen kleineren Engagements. Aber irgendwie war sie nicht glücklich dabei. Dann hörte sie von einem neu geschaffenen Beruf: Tanztherapeutin. Das war es! Noch einmal wurde sie für mehrere Jahre Schülerin, Aber jetzt konnte sie alles zuvor gelernte anwenden und in ihre therapeutische Arbeit integrieren. Ärztin ist sie nicht geworden, aber eine Heilerin von Körper und Seele.

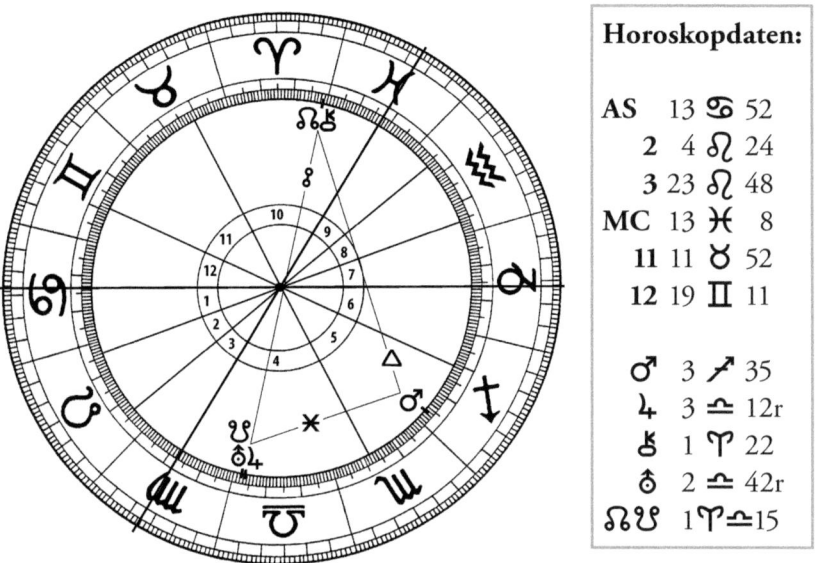

Horoskopdaten:

AS 13 ♋ 52
2   4 ♌ 24
3 23 ♌ 48
MC 13 ♓ 8
11 11 ♉ 52
12 19 ♊ 11

♂ 3 ♐ 35
♃ 3 ♎ 12r
⚷ 1 ♈ 22
☊ 2 ♎ 42r
☊☋ 1 ♈♎ 15

Elternhaus und Heilberuf sind die zentralen Pole in Dianes Erzählung. Entsprechend zeigen sich das 4. und 10. Haus als überdimensional groß, fast so groß wie die drei vorherigen Häuser zusammen. Chiron steht im 10. Haus in fast minutengenauer Konjunktion mit dem nördlichen Mondknoten. Dies zeigt, dass das Umgehen mit der chironischen Zurückweisung eine besondere Lebensaufgabe ist, ein Auftrag, die Persönlichkeit zu entwickeln. Die von Diane geschilderte anfängliche Hoffnungslosigkeit, die sich am Ende auflösen ließ, passt in dieses Bild.

Chiron steht in Opposition zu einer Uranus-Jupiter-Konjunktion. Uranus als Signifikator für Neues und Außergewöhnliches in Verbindung mit Jupiter, der die Entfaltung der Persönlichkeit symbolisiert, zeigt an, dass die Selbstverwirklichung bei Diane nicht über den gewöhnlichen Weg eines Medizinstudiums und einer Arztausbildung gehen kann. Beide Planeten sind außerdem rückläufig, ein Zeichen dafür, dass die entsprechenden Entwicklungsprozesse sich im Innern der Horoskopeignerin unter einer scheinbar gleichmütigen Oberfläche abspielen. Die Opposition ist entspannt über Mars im 5. Haus, was eine Entlastung der Spannung über kreative körperliche Betätigung signalisiert. Die Aktivität als Tanztherapeutin ist in diesem Horoskop optimal gespiegelt.

Prominentengeschichte zum 10. Haus: Franz Kafka

Brief an den Vater (1919):

„… das Geschäft. An und für sich besonders in der Kinderzeit, solange es ein Gassengeschäft war, hätte es mich sehr freuen müssen, es war so lebendig, abends beleuchtet, man sah, man hörte viel, konnte hie und da helfen, … Aber da Du allmählich von allen Seiten mich erschrecktest und Geschäft und Du sich mir deckten, war mir auch das Geschäft nicht mehr behaglich. Dinge, die mir dort zuerst selbstverständlich gewesen waren, quälten, beschämten mich, besonders Deine Behandlung des Personals. Deshalb gehörte ich notwendig zur Partei des Personals, übrigens auch deshalb, weil ich schon aus Ängstlichkeit nicht begriff, wie man einen Fremden so beschimpfen konnte, und darum aus Ängstlichkeit das meiner Meinung nach fürchterlich aufgebrachte Personal irgendwie mit Dir, mit unserer Familie schon um meiner eigenen Sicherheit willen aussöhnen wollte… Dieses Verhältnis, in das ich hier zu Mitmenschen trat, wirkte über das Geschäft hinaus und in die Zukunft weiter (…). Schließlich fürchtete ich mich fast vor dem Geschäft, und jedenfalls war es schon längst nicht mehr meine Sache, …

Du suchtest dann (…) aus meiner Dich doch sehr schmerzenden Abneigung gegen das Geschäft, gegen Dein Werk, doch noch ein wenig Süßigkeit für Dich zu ziehen, indem Du behauptetest, mir fehle der Geschäftssinn, ich habe höhere Ideen im Kopf … Wären es aber wirklich nur oder hauptsächlich die »höheren Ideen« gewesen, die mich vom Geschäft (…) abbrachten, sie hätten sich anders äußern müssen, als dass sie mich ruhig und ängstlich durchs Gymnasium und durch das Jusstudium schwimmen ließen, bis ich beim Beamtenschreibtisch endgültig landete."

Kafkas Interessen lagen bei Theater und Literatur. Weder im Geschäft seines Vaters noch beim stattdessen gewählten Brotberuf wurde er glücklich.

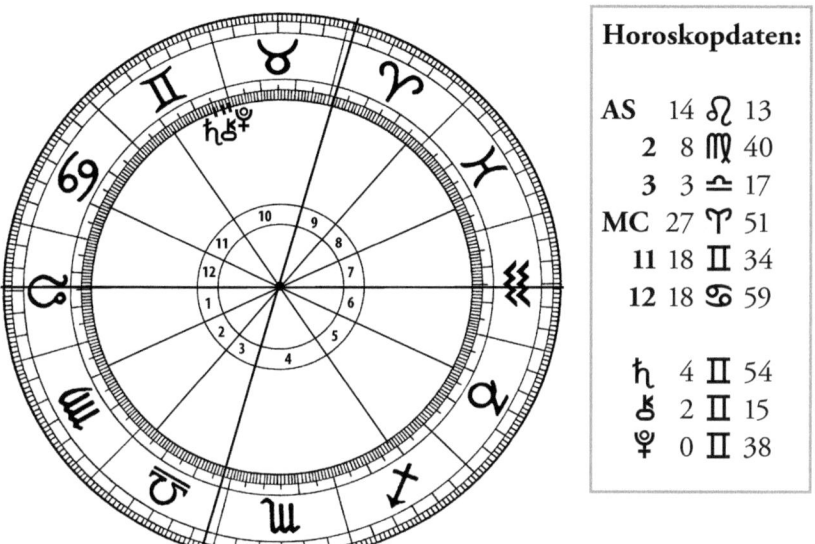

Horoskopdaten:

AS	14	♌	13
2	8	♍	40
3	3	♎	17
MC	27	♈	51
11	18	♊	34
12	18	♋	59
♄	4	♊	54
⚷	2	♊	15
♇	0	♊	38

Betrachtet man Kafkas Horoskop insgesamt, so findet man alle Himmelskörper außer Uranus in lockerer Folge im 10. und 11. Haus. Die hier ausgewählte Konstellation ist besonders eng und beinhaltet Chiron.

Sie steht im Berufshaus von Frank Kafka, aber im übernächsten Zeichen zur Häuserspitze, so dass sich eine Elemente-Ergänzung vom MC im Feuerzeichen zu Chiron im Luftzeichen ergibt. Deshalb kann man sagen, dass die Planetenposition Harmonie zum MC signalisiert, dem Symbol für das ideele Lebensziel.

Saturn im Zwillinge-Zeichen steht dabei für Struktur und Ordnung, Pluto für die Entwicklung von Ideen. Im 10. Haus sollte dies im Beruf geschehen. Aber der dazwischen stehende Chiron zeigt an, dass es hier einen Verhinderer gibt (Prohibition). Kafka hat versucht diesen Konflikt zu lösen, indem er einen Brotberuf ergriff und das Schreiben daneben betrieb. Lange Schreibblockaden zeigen, dass ihm dies nur unvollkommen gelang.

Das 10. Haus ist gleichzeitig der Bereich des direkt erziehenden Elternteils; Kafka schreibt selbst, dass die Mutter „nur durch den Vater" wirkte. Also ist sein Verhältnis zum Vater hier gespiegelt. Dies war insbesondere durch seine Weigerung, das elterliche Geschäft zu übernehmen, ab dem 14. Lebensjahr, außerordentlich schlecht.

Elftes Haus

Das Thema:
14 - 17 Jahre: „Ich darf nicht Mitglied in sozialen Gemeinschaften sein"

Nach meiner Hypothese besagt die Chiron-Position in deinem Horoskop, dass du im Alter von 14-17 Jahren (erstmalig) durch eine soziale Gemeinschaft zurückgewiesen worden bist. Das kann ein Verein sein, wo Gleichaltrige dich nicht akzeptiert und zum Außenseiter gemacht haben. Das kann aber auch eine neue Schulklasse gewesen sein, wo du keinen Anschluss gefunden hast.

Das Thema des 11. Hauses sind soziale Gemeinschaften, die Gruppen von Menschen, die nicht zur Familie gehören. Das kann ein Verein sein oder einfach die Clique der Gleichaltrigen, der örtliche Stammtisch oder die Kirchengemeinde. Auch Parteien und Bürgervereinigungen der verschiedensten Art können in dieser Weise eine Rolle spielen.

Nur wenige Menschen kommen ohne Kontakte zu solchen Gruppen aus, Gemeinden und Staatswesen funktionieren nur durch ihre Aktivitäten. Im Prozess des Erwachsenwerdens wirken sich Zurückweisungen in diesem Bereich deshalb besonders nachhaltig aus.

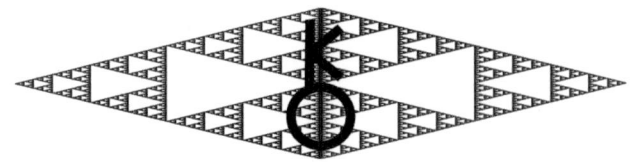

Erste Geschichte zum 11. Haus: Rotschopf

Die folgende Geschichte wurde mir von einem älteren Herrn erzählt:

> Alex erzählte:
>
> „Bis zu meinem 8. Lebensjahr war mein Leben ganz normal, ich ging zur Schule und hatte Freunde. Dann kam die Flucht aus einer Stadt, die heute polnisch ist, mein Vater war gefallen, meine Mutter starb in einem der Lager, wo wir zeitweise lebten. Ich war danach erst bei fremden Leuten, zuletzt in einem Kinderheim, bis ich mit 14-15 endlich bei meinem Großvater ein neues Zuhause fand.
>
> Eigentlich hatte ich gehofft, dass alles wieder wie früher werden würde, aber das war nicht so. In dem Stadtteil einer westdeutschen Stadt, wo wir jetzt lebten, schlossen sich die Kinder schon früh zu „Banden" zusammen, die ihre Freizeit gemeinsam verbrachten und sich auch schon einmal bekriegten. Es war wie ein geschlossenes System und ich kam nicht rein.
>
> Schlimmer – wenn sie nichts Anderes zu tun hatten, verfolgten sie mich und riefen mir wegen meiner roten Haare „Rotschopf" oder „Feuerkopf" nach.
>
> Ich wurde richtig menschenscheu zu der Zeit. Besser wurde es erst, als ich mein erstes Motorrad mit 18 bekam und in den Club eintrat. Da hatte ich wieder Freunde bis heute."

Alex ist in seinem Motorrad-Club nicht nur einfaches Mitglied. Er hat zwar nie im Vorstand mitgearbeitet, Verwaltungs- und Organisationsarbeit interessierte ihn nicht. Aber da er einen technisch-handwerklichen Beruf gelernt hatte, konnte er sehr viele praktische Arbeiten am eigenen Motorrad erledigen und bald auch an denjenigen seiner Kumpels. Motorradbasteln zusammen mit seinen Freunden vom Club war zu der Zeit, als er mir die Geschichte erzählte, seine wichtigste Freizeitbetätigung. Damit machte er sich unentbehrlich.

Die traumatische Verletzung in der Jugend durch Gleichaltrige wurde so durch das Engagement im Motorradverein geheilt.

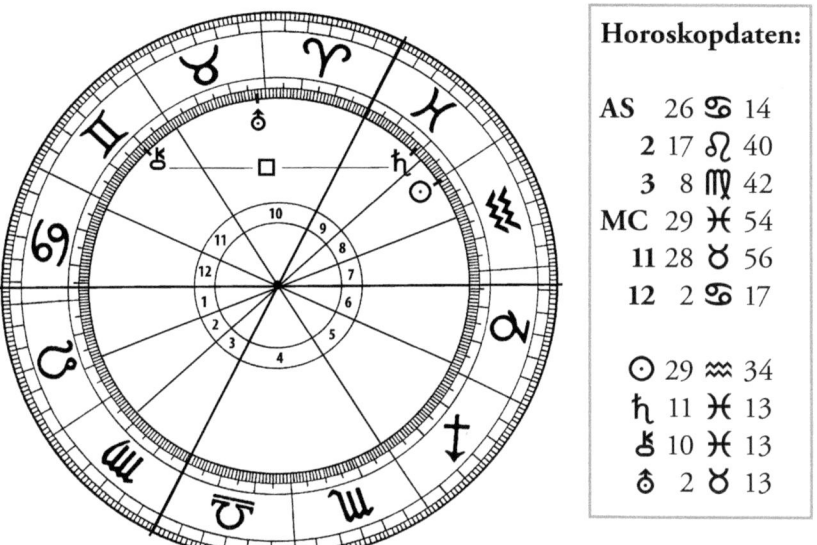

Horoskopdaten:

AS 26 ♋ 14
2 17 ♌ 40
3 8 ♍ 42
MC 29 ♓ 54
11 28 ♉ 56
12 2 ♋ 17

☉ 29 ♒ 34
♄ 11 ♓ 13
⚷ 10 ♓ 13
☊ 2 ♉ 13

Chiron steht in Alex' Horoskop im 11. Haus in Zwillinge. Er bildet ein Quadrat zum Saturn in den Fischen im 9. Haus. Dadurch wird angezeigt, dass die durch Chiron repräsentierte traumatische Zurückweisung den Wunsch nach Ordnung und Solidität blockiert. Die Position von Saturn im 9. Haus lässt darauf schließen, dass geordnete Verhältnisse besonders wichtig im Weltbild des Horoskopeigners sind. Saturn ist gleichzeitig Herrscher des Deszendeten, damit repräsentiert er auch Partnerschaften in allen Lebensbereichen. Die Konstellation besagt, dass Alex seine Kameraden nicht nur als Kumpels, sondern als Partner sieht.

Da die beiden Himmelskörper keine weiteren Aspekte bilden, ist eine direkte Auflösung des Spannungsaspektes nicht angezeigt.

Allerdings zeigt die Sonne im Wassermann und der Uranus als Herrscher der Sonne im 10. Haus ein überproportionales Interesse an technischen Vorgängen an. Das 10. Haus ist außerdem fast zwei Zeichen groß, deshalb kann man davon ausgehen, dass es nicht nur den Beruf, sondern auch eine Lebensberufung darstellt. Damit ist die Beschäftigung mit technischen Fragen Teil der Berufung. Da der Uranus im Stier, einem Erdzeichen, steht, geht es um praktische Betätigungen in diesem Bereich.

Alex hat seine chironische Zurückweisung mit Hilfe seiner technischen Begabung zu einer echten Lebensaufgabe transformiert.

Zweite Geschichte zum 11. Haus: Sozialer Aufstieg

Die folgende Geschichte wurde mir bereits in den 90er Jahren bekannt.

> Kristie erzählte:
>
> „Ich bin in einem Arbeiterviertel aufgewachsen, einem Teil einer westeuropäischen Großstadt, der später zum sozialen Brennpunkt wurde. Aber als ich dort Kind war, war das noch nicht so. Alle Kinder spielten immer zusammen, später gingen wir zusammen in die Schule, dann in die Jugendgruppe … ich will damit sagen, dass ich bis dahin ein ganz normales Kind war, auch wenn ich in die höhere Schule ging, während die anderen auf der Volksschule blieben.
>
> Aber so mit 14-15 Jahren wurde es dann anders. Meine Freundinnen fingen an zu arbeiten, sie hatten Geld, gingen abends aus und konnten sich etwas leisten. Meine Eltern hatten Mühe, mich aufs Gmnasium gehen zu lassen, extra Geld für Vergnügungen war da nicht drin. Es war auch nicht nur das Geld – langsam spürte ich auch deutliche Ablehnung meiner früheren Kameraden. Sie gaben mir das Gefühl, nicht mehr dazuzugehören, in eine andere gesellschaftliche Klasse hineinzuwachsen. Das war ein sehr schmerzliches Erlebnis.
>
> Als ich dann an der Universität studierte, fing ich gleich an, mich für eine sozialistische Partei zu engagieren und dabei bin ich bis heute geblieben."

Kristie blieb nicht bei ihrem Engagement als einfaches Parteimitglied. Als sich nach einigen Jahren die Chance bot, brach sie das Studium ab und wurde Geschäftsführerin der örtlichen Parteizentrale. So konnte sie einerseits politisch für ihre früherem Freundinnen und Freunde arbeiten. Andererseits hatte sie aber durchaus die Rolle einer „Vorgesetzten" für diejenigen Parteimitglieder, die sie zuvor als soziale Aufsteigerin abgelehnt hatten.

Auf diese Weise machte sie eine Lebensaufgabe aus der Zurückweisungserfahrung ohne auf eine Karriere zu verzichten.

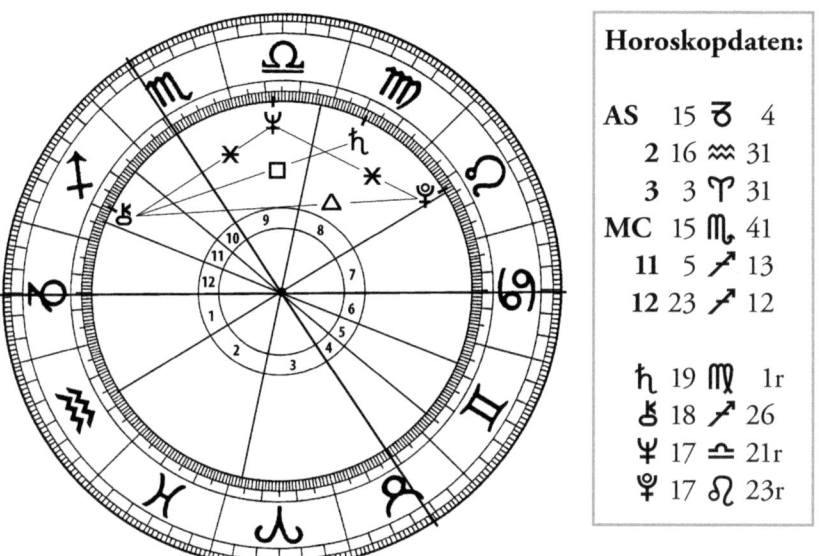

Horoskopdaten:

AS	15	♉	4
2	16	♒	31
3	3	♈	31
MC	15	♏	41
11	5	♐	13
12	23	♐	12
♄	19	♏	1r
⚷	18	♐	26
♆	17	♎	21r
♇	17	♌	23r

Im Horoskop von Kristie steht Chiron im 11. Haus im Schützen, dem Zeichen für höhere Bildung. Er bildet drei Aspekte, darunter ein Sextil zum Neptun und ein Trigon zum Pluto. Chiron, Neptun und Pluto bilden ein sogenanntes Talentdreieck.

Neptun steht im 9. Haus, dem Bereich der Weltanschauung. Bedenkt man, dass den kommunistischen und sozialistischen Parteien traditionell Neptun als Signifikator für Sehnsucht und Illusion zugeordnet ist, so erscheint hier ein deutliches Abbild vom Engagement der Horoskopeignerin. Pluto an der Spitze des 8. Hauses symbolisiert einerseits die organisierte Partei und andererseits das Verhaftetsein in einer Ideenwelt. Die Verbindung beider Prinzipien mit Chiron bedeutet, dass die durch den Zentauren symbolisierte Zurückweisung umgesetzt wird in sozialrevolutionäre Ideen. Ihre Tätigkeit dient also dazu, Vorstellungen zu vertreten, die maßgeblich vom eigenen Erleben bestimmt sind. Auch wenn sie das nicht berichtet hat, scheint Kristie auch auf der höheren Schule von den Mitschülern nicht akzeptiert worden zu sein.

Das Quadrat zum Saturn liefert als Spannungsaspekt die Energie für ihr Engagement, die aus der Spannung zwischen ihrer beschränkten Herkunft und ihrer jetzigen Lebenswelt als hohe Funktionärin resultiert.

Dritte Geschichte zum 11. Haus: Einsamer Sportler

Die folgende Geschichte erreichte mich im Jahr 2004 über das Internet.

Stephen schrieb:

„Ihre Zurückweisungstheorie stimmt insoweit, dass ich tatsächlich in diesem Alter in zwei sozialen Gruppen zurückgewiesen wurde, nämlich bei meiner Pfadfindergruppe und in der Schulklasse.

Irgendwie wurde ich zum völligen Außenseiter, teils verursacht durch äußere Umstände (Wohnort in größerer Distanz zur Schule bzw. Pfadfindergruppe, andere soziale Herkunft als bei den Pfadfindern üblich gewesen, andere Interessen als diejenigen der Klassenkameraden und völlige Ablehnung von deren Interessen meinerseits). Außerdem war ich in der geistigen Entwicklung – im zwischenmenschlichen Bereich – meinen damaligen Kollegen teilweise um einige Jahre voraus.

Die gegenseitige Ablehnung war aber hauptsächlich durch meine innere Einstellung verursacht, die äußeren Begleitumstände, wie oben geschildert, kamen noch dazu. Tatsächlich hielt ich meine Altersgenossen damals schlicht für unreif, das tue ich aber auch heute rückblickend noch.

In mancherlei Hinsicht war ich es, der damals unreif war."

Es muss nicht betont werden, dass der junge Mann, der dies schrieb, auf der Suche nach sich selbst war. In diesem Zusammenhang hat er sich auch mit Astrologie beschäftigt. Der letzte Satz seiner Ausführungen macht deutlich, dass er auf diesem Weg durchaus selbstkritisch vorgeht.

Bereits zu dieser Zeit und bis heute opfert er seine gesamte Freizeit dem Sport, und zwar dem Marathonlauf, sowohl als Einzeldisziplin als auch als Marathonstaffel. Einerseits ist er beim Laufen immer mit sich allein, wie in seiner Geschichte als selbst herbeigeführt beschrieben. Als Staffelläufer gehört er trotzdem zu einer Mannschaft Gleichgesinnter, die sich auf einander beziehen und verlassen können müssen. So hat er die geschilderte Zurückweisungssituation für sich transformiert.

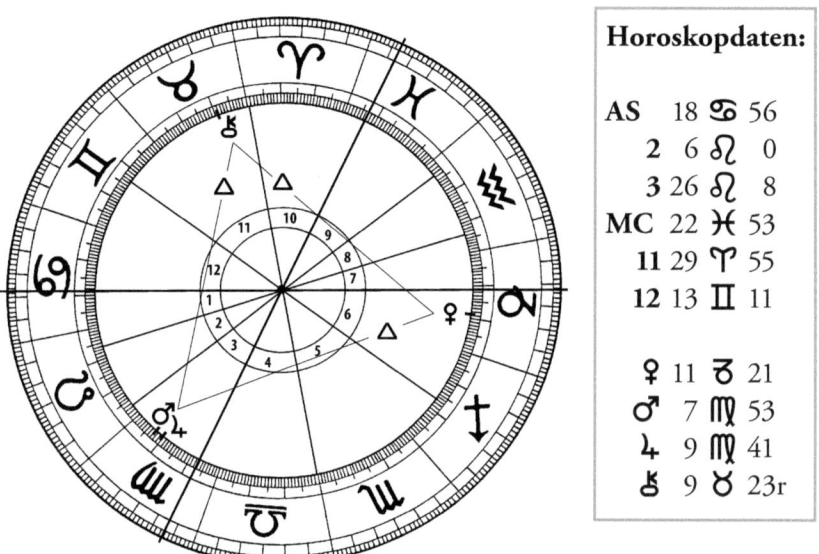

Horoskopdaten:

AS 18 ♋ 56
2   6 ♌ 0
3   26 ♌ 8
MC 22 ♓ 53
11 29 ♈ 55
12 13 ♊ 11

♀ 11 ♑ 21
♂ 7 ♍ 53
♃ 9 ♍ 41
♄ 9 ♉ 23r

Stephens lässige Art, mit der erlebten Zurückweisung umzugehen, spiegelt sich in dem großen Trigon, in das Chiron in seinem Horoskop eingebunden ist.

Die Aspektfigur besteht aus einem Trigon zwischen einer Mars-Jupiter-Konjunktion in der Jungfrau im 3. Haus und der Venus im Steinbock im 6. Haus. Für sich alleine betrachtet, könnte man daraus schließen, dass der Horoskopeigner aktive Selbstverwirklichung sucht und dabei tiefgehende Gefühle mit einbezieht. Allerdings zeigen Trigone weniger Energie an als Spannungsaspekte. Dadurch besteht die Gefahr, selbst inaktiv alles nur auf sich zukommen zu lassen.

Auch wenn Chiron zu den anderen beteiligten Himmelskörpern gleichfalls harmonische Trigone bildet, repräsentiert er doch die geschilderte Zurückweisung und liefert so indirekt die Energie „es den Anderen zu beweisen". Ohne seine Einbindung wäre Stephens Haltung aus dem Horoskop nicht erklärbar.

Die Mars-Jupiter-Konjunktion im Körperquadranten macht deutlich, dass Sport durchaus eine gute Methode ist, an der Entfaltung der Perönlichkeit zu arbeiten. Die durch Chiron signalisierte Verletzung im Bereich der sozialen Gemeinschaften wird so transformiert.

Prominentengeschichte zum 11. Haus: Hundertwasser

Unter dem bürgerlichen Namen Friedrich Stowasser wurde der Künstler Friedensreich Hundertwasser am 15. Dezember 1928 als einziger Sohn eines arbeitslosen Reserveleutnants in Wien geboren. Sein Vater Ernst Stowasser starb als er ein Jahr alt war und er wurde von seiner Mutter Else allein großgezogen.

Wirtschaftliche Not scheint es dabei aber nicht gegeben haben, denn im Alter von sieben Jahren kam Friedrich auf eine private Montessori-Schule, wo seine künstlerische Begabung zum ersten Mal auffiel und während der Grundschulzeit gefördert wurde.

Als er zehn Jahre alt war erfolgte der „Anschluss" Österreichs an das Deutsche Reich, da seine Mutter Jüdin war (und er Halbjude), wechselte er auf eine staatliche Schule, um nicht aufzufallen. Aus dem gleichen Grund trat er 1942 in die Hitlerjugend ein. Obwohl mehr als 60 seiner Verwandten, sogar solche, die im gleichen Haushalt lebten, abgeholt und ermordet wurden, blieben Elsa Stowasser und ihr Sohn Friedrich unbehelligt. Seine Jugend war aber von Angst und Anpassungsdruck bestimmt. Das berichtet er selbst anläßlich einer Ausstellung im Jüdischen Museum Rendsburg über die „Jüdischen Aspekte" im Werk des Künstlers:

> „Sicher steht der Weg, den ich als Künstler ging, in ursächlichem Zusammenhang mit der Situation, in der ich aufgewachsen bin. Meine Jugend als doppelter Außenseiter – ohne Vater und als Halbjude – hat natürlich dazu beigetragen, dass ich viel nachgedacht und mich besonnen habe. Ich wurde zum Einzelgänger, zum Kämpfer für bestimmte Anliegen, die mir wichtig erschienen."

Die Situation als Einzelkämpfer führte aber nicht dazu, dass er eine isolierte oder abgehobene Kunst pflegte. Er engagierte sich gesellschaftlich in der Umweltbewegung, plädierte für eine menschliche Architektur und trat ganz allgemein für Humanität ein. Die Zurückweisungen, die die unmenschlichen Erfahrungen seiner Jugend für ihn bedeuteten, hat er in ein Verständnis von sozialer und menschlicher Kunst transzendiert,

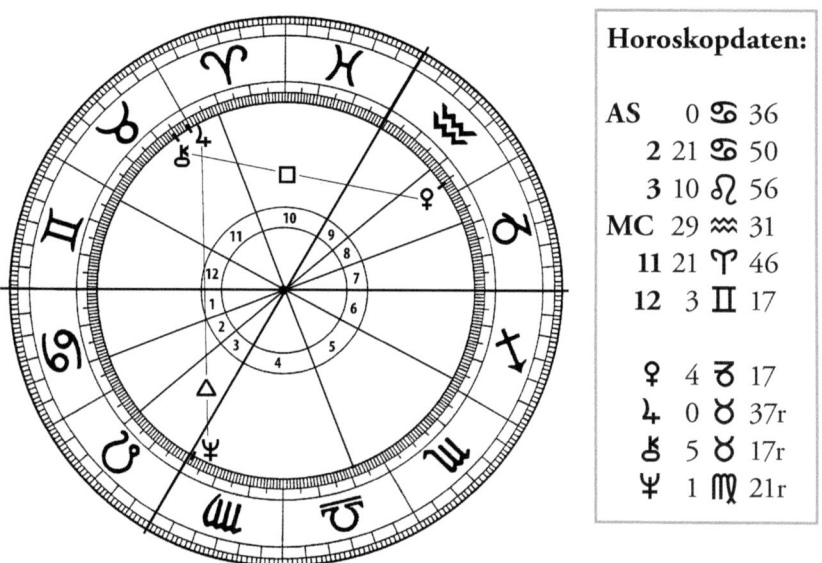

Horoskopdaten:

AS   0 ♋ 36
  2 21 ♋ 50
  3 10 ♌ 56
MC 29 ♒ 31
 11 21 ♈ 46
 12   3 ♊ 17

♀   4 ♉ 17
♃   0 ♉ 37r
⚷   5 ♉ 17r
♆   1 ♍ 21r

Auch wenn die Geburtszeit in verschiedenen Veröffentlichungen um Minuten differiert, bleiben die hier abgebildeten Konstellationen in den verschiedenen Versionen identisch.

In Hundertwassers Horoskop zeigt ein Quadrat zwischen Chiron im 11. Haus und Venus im 8. Haus an, dass die erlittenen Zurückweisungen hauptsächlich sein Gefühlsleben beeinträchtigt haben. Das fortwährende durch gesellschaftliche Verhältnisse erzwungene Abschiednehmen führte zu immer neuen Verletzungen. Obwohl der Jupiter im 11. Haus bedeutet, dass Hundertwasser seine Persönlichkeit am stärksten in sozialen Gemeinschaften entfalten konnte, fühlte er sich doch nach eigener Aussage als Einzelgänger. Auch wenn Chiron und Jupiter nach klassischer astrologischer Lehre für eine Konjunktion nicht nahe genug stehen, lässt der Lebensweg des Künstlers auf ein Zusammenwirken der beiden Prinzipien schließen.

Jupiter steht im Trigon zu Neptun, dem Signifikator für die künstlerische Imagination, an der Spitze des 4. Hauses, welches das emotionale Zuhause symbolisiert. Die Inspiration einer oft genug als Ziel formulierten menschlichen Architektur ist hier abgebildet. Obwohl er auf diesem Gebiet nie eine Ausbildung erhalten hat, sind doch Wohnhäuser, menschliche Wohnanlagen und Wohnumgebungen ein wichtiger Teil seines künstlerischen Schaffens.

Zwölftes Haus

Das Thema:
16 - 18 Jahre: „Ich darf etwas nicht, was schon meinen Vorfahren nicht erlaubt war (je nach Zeichen)"

Um herauszufinden, was Chiron nach meiner Hypothese in diesem Haus bedeutet, musst du das Zeichen betrachten, in dem er steht. Die Bedeutung des Zeichens sagt dir etwas über einen Problemkomplex, der in deiner Familie erblich ist. Chiron in den Fischen im 12. Haus könnte z.B. auf eine Suchtneigung deuten, im Widder auf unausgelebte Aggressivität, usw.; es ist ein Bereich, in dem bereits dein Vater, Großvater, Urgroßvater oder deine Mutter, Großmutter, Urgroßmutter Zurückweisung erfahren haben. Du wirst diese Zurückweisung ebenfalls erleben, und zwar erstmalig ungefähr im Alter von 16-18 Jahren. Aber aufgrund deiner Lebensumstände wird es dir möglich sein, diesen Komplex aufzulösen und die Problemkette zu unterbrechen. Dies kann sich aber bis zur Chiron-Wiederkehr mit ca. 49 Jahren hinziehen.

Im 12. Haus zeigt sich, wie gesellschaftliche Veränderungen etwas möglich machen, was lang – vielleicht jahrhundertelang – nicht möglich war.

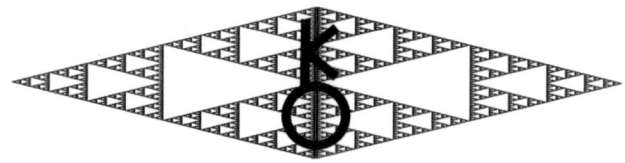

Erste Geschichte zum 12. Haus: Bankert

Im Zeitalter der Patchworkfamilien und Leihmütter erscheint die folgende Geschichte kaum zu glauben.

> Agathe schrieb:
>
> „Mein Vater hatte eine ältere Schwester, die unehelich geboren war, auch das älteste Kind seiner Großmutter war ein „Bankert". Das hat bei ihm eine Art Komplex ausgelöst und ihn dazu gebracht, Ahnenforschung zu betreiben. Da wurde es noch schlimmer. Angeblich soll bis zurück ins 16. Jahrhundert immer die älteste Tochter als erstes ein uneheliches Kind bekommen haben! Und weil ich die Älteste seiner Kinder war, hatte er panische Angst, ich könnte auch schwanger werden und ein uneheliches Kind bekommen.
>
> Deshalb wurde ich so ab 16 Jahre streng überwacht. Sobald nur ein Junge in meine Nähe kam, gab es irgend einen Vorwand, mir Hausarrest zu geben, bis er wieder weg war. Ich durfte weder ins Kino, noch sonstwohin ausgehen. Nur in die Tanzstunde wurde ich geschickt, denn da war ich ja „unter Aufsicht". Es war wie im Knast.
>
> Natürlich hat es nichts genützt, aber das wusste mein Vater ja nicht. In dem Alter war ich hinter allem her, was Hosen anhatte. Und sobald ich achtzehn war, gab's sowieso die Pille. Da brauchte niemand mehr Angst vor einer unerwünschten Schwangerschaft zu haben. Unser „Familienfluch", wie mein Vater das immer nannte, hatte sich irgendwie aufgelöst."

Die lebenslustige Frau, von der diese Geschichte stammt, hat die Freiheit, die unsere moderne Gesellschaft gewährt, durchaus genossen. Anders als bei ihren Vorfahrinnen war damit kein Makel verknüpft.

Sie liebte und lebte genussvoll ihre Sexualität bis ins fortgeschrittene Alter. Ihr Vater bekam übrigens nie erzählt, was sie wirklich von seinen asketischen Vorschriften hielt …

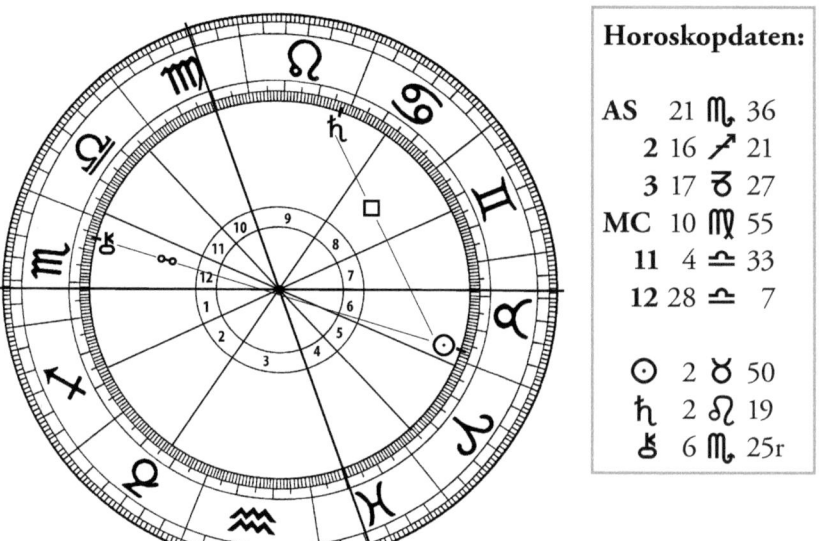

Horoskopdaten:

AS	21	♏	36
2	16	♐	21
3	17	♑	27
MC	10	♍	55
11	4	♎	33
12	28	♎	7
☉	2	♉	50
♄	2	♌	19
⚷	6	♏	25r

Agathes Horoskop zeigt Chiron im 12. Haus im Skorpion. Traditionell ist Skorpion das Zeichen für Tod und Wiedergeburt, aber auch Sexualität. Offensichtlich – und nach ihrer Geschichte – hat sie starkes Interesse an sexuellen Beziehungen, ebenso wie schon ihre Großmutter, Urgroßmutter und weiteren Ahninnen. Dies wurde in der Vergangenheit durch unerwünschte Schwangerschaften sichtbar.

Chiron steht in Opposition zur Sonne, das zeigt an, dass die von ihm symbolisierte Zurückweisung direkt den Lebenskern berührt. Die Sonne im Stier ist stark venusisch bestimmt, was ein weiterer Hinweis auf sexuelles und erotisches Interesse darstellt.

Aber die Sonne hat wird auch von Saturn in einem fast minutengenauen Quadrat aspektiert. Saturn repräsetiert hier den überstrengen Vater, der auf Grund einer Ideologie – 9. Haus – den Bedürfnissen der Horoskopeignerin enge Grenzen setzt.

Die Sonne im 6. Haus ist aber auch Indikator für ein bürgerliches Leben. Das hat die gesellschaftliche Entwicklung der letzten Jahrzehnte auch Frauen ermöglicht, die ihre sexuellen Bedürfnisse aktiv ausleben wollen. Die durch Chiron dargestellte Zurückweisung verflüchtigte sich auf diese Weise, der ererbte Komplex löste sich auf.

Zweite Geschichte zum 12. Haus: Hellseher

Die folgende Geschichte wurde mir 2005 zugeschickt.

Florian schrieb:

„Schon als ich noch ganz klein war, guckte ich heimlich durch den Türschlitz, wenn meine Oma Karten legte. Zum Glück hat sie mich nie erwischt dabei. Auch meine Mutter war eine gute Kartenlegerin, aber auch nur heimlich. Ich selbst habe immer kranke Tiere gefunden, manchmal wurden sie mir auch gebracht, und bei mir wurden sie immer gesund.

Als ich dann aus der Pubertät kam, so mit 16-17 Jahren fing ich an „Doppelzusehen". Ich guckte einen Menschen an – einen ganz unbekannten in der U-Bahn oder so – und plötzlich überlagerte sich das Bild und ich sah ihn noch einmal, aber älter oder krank oder sonstwie verändert. Heute verstehe ich das, aber damals dachte ich, ich werde verrückt. Als ich meiner Mutter davon erzählte, fing sie an zu weinen, sie flehte mich an, niemals etwas mit Wahrsagerei oder Karten zu machen, und wollte, dass ich ihr das schwöre. Irgendwie konnte ich das abwenden.

In den nächsten Jahren ignorierte ich das einfach, verdrängte, was ich sah, lernte einen ganz normalen kaufmännischen Beruf und baute mir ein bürgerliches Leben auf. Nur heiraten wollte ich nicht, weil ich bei jeder interessanten Frau dieses komische Doppelsehen hatte, was mich abschreckte.

So mit 31 flatterte mir plötzlich der Prospekt von einer „Gesundheitsmesse" ins Haus, aus unerfindlichen Gründen ging ich da hin und lernte einen Schamanen kennen. Das begeisterte mich! Zum ersten Mal jemand, der meine Erscheinungen erklären konnte! Ich machte eine Ausbildung bei ihm, dabei lernte ich auch meine Frau kennen, heute habe ich eine eigene schamanistische Heilerpraxis und fühle mich sehr wohl dabei."

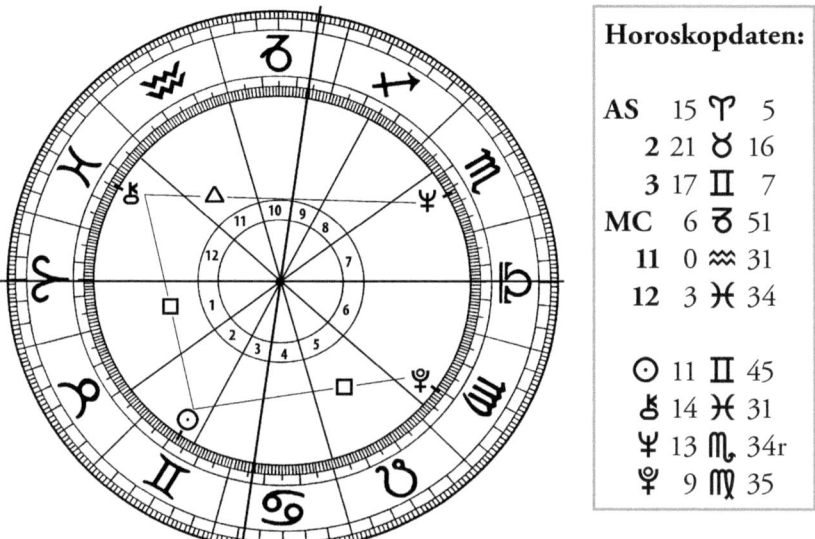

Horoskopdaten:

AS	15 ♈ 5
2	21 ♉ 16
3	17 ♊ 7
MC	6 ♋ 51
11	0 ♒ 31
12	3 ♓ 34
☉	11 ♊ 45
⚷	14 ♓ 31
♆	13 ♏ 34r
♇	9 ♍ 35

Florians Chiron steht im Zeichen Fische, dem Zeichen für das schöpferische Chaos der Fülle, aber auch für Träume, Sehnsüchte und Übernatürliches. Auf diesem Gebiet wurde ihm als Jugendlichem eine Betätigung von der Mutter unmöglich gemacht. Aus seiner Schilderung geht hervor, dass die Mutter die wohl in der Familie erbliche Fähigkeit zum Hellsehen als Belastung empfand. Dahinter können sich durchaus Verfolgungsängste aus früheren Zeiten verbergen.

Durch die Zurückweisung war direkt Florians Persönlichkeitskern betroffen, wie das Quadrat zur Sonne anzeigt. Dies wiegt umso schwerer, als der Spannungsaspekt zwischen Sonne und Pluto darauf hindeutet, dass Florian nur schwer Kontakt zu Inhalten bekommt, die er einmal verdrängt hat. So ist auch zu verstehen, dass er scheinbar auf den Wunsch seiner Mutter einging und die hellseherische Begabung ins Unbewusste verschob.

Interessant ist die Altersangabe, wann er damit anfing, die übersinnliche Begabung auszubilden und zu akzeptieren: Zu dieser Zeit ging der laufende Chiron durch die Jungfrau, wobei er zunächst eine Konjunktion mit Pluto und anschließend eine Opposition zum Geburtschiron bildete. Auf diese Weise wurde angezeigt, dass Florians Begabung am Ende doch „geweckt" und erfolgreich gelebt wurde. Die offene Gesellschaft in einer westlichen Demokratie erlaubt ihm dies ohne Verfolgungsängste.

Dritte Geschichte zum 12. Haus: Starke Frauen

Es folgt eine außergewöhnlich ausführliche Geschichte.

Antonie schrieb:

„Meine Oma väterlicherseits war insofern stark, als mein Großvater mit 35 Jahren einen Unfall hatte und dabei eine Verletzung erlitt, die nie wieder heilte. Mit einem behinderten Mann einen Bauernhof zu führen und 4 Kinder großzuziehen, bedeutet schon Stärke.

Der Partner meiner Oma mütterlicherseits ist im Krieg gefallen, sie stand mit 2 unehelichen Kindern da als Dienstmagd bei meinen Urgroßeltern, wo dann die Beziehung zu meinem Opa begann, der daraufhin enterbt wurde. Sie heirateten um 1950, erst nachdem meine Mutter geboren war.

Meine Mutter definiert sich durch ihre ‚Nützlichkeit‘. Sie versucht, jedem alles recht zu machen. Und doch steckt darunter eine starke Frau, eine Frau mit natürlichem Wissen über Heilen und Pflegen, mit einer starken Intuition.

In beiden Familien waren Söhne mehr wert als Töchter. Ich bin fest in dem Glauben aufgewachsen: Großwerden, heiraten, Kinder kriegen und mit 27 ist das Leben vorbei.

Mit meiner Weiblichkeit hatte ich definitiv ein Problem, das daraus erklärbar ist. Es war nicht so, dass ich lieber ein Mann gewesen wäre,sondern es war dieses Gefühl ‚eingesperrt‘ zu sein, ausbrechen zu wollen, einen Rundumschlag zu machen, um mich endlich ‚zu befreien‘. Ich habe viel aufgestaute Aggressivität in mir entdeckt, viel Wut, die ich an den falschen Leuten ausgelassen habe. Irgendsowas – wobei mir die Erkenntnis, dass ich für mein eigenes Leben und mein Glück selbst verantwortlich bin, vor ein paar Jahren plötzlich die Luft genommen hat und mich völlig panisch gemacht hat! Aber seitdem lebe ich das! Ich bestimme bewusst mein Leben, und das hat mich frei gemacht.

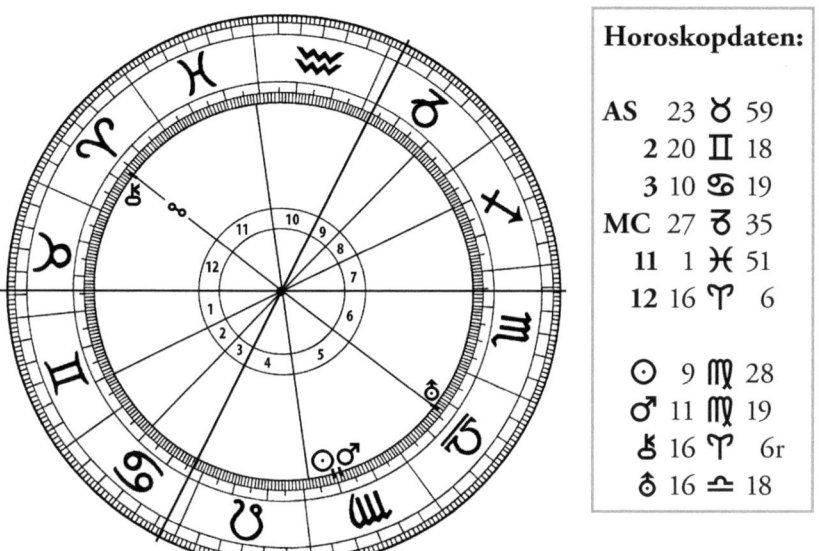

Horoskopdaten:

AS 23 ♉ 59
2 20 ♊ 18
3 10 ♋ 19
MC 27 ♑ 35
11 1 ♓ 51
12 16 ♈ 6

☉ 9 ♍ 28
♂ 11 ♍ 19
⚷ 16 ♈ 6r
⚵ 16 ♎ 18

Chiron steht in Antonies Horoskop minutengenau auf der Spitze des 12. Hauses in Opposition zu Uranus. Die beiden Planetenprinzipien stehen also genau auf der sogenannten Existenzachse vom 6. zum 12. Haus. Diese Häuserachse steht im direkten Zusammenhang mit dem *Selbst*bewusstsein verstanden als innere Überzeugung, dass die eigene Existenz einen höheren Sinn hat (12. Haus) im Einklang mit den Realisierungsmöglichkeiten (6. Haus). Chiron symbolisiert hier die Zurückweisung eines energiegeladenen starken Lebensprinzips, signalisiert durch das Widderzeichen. Durch Uranus wird plötzlich die Realisierung erkennbar, die Opposition als Spannungsaspekt liefert die Energie, dies möglich, zu machen.

Unterstützt wird die Entwicklung durch die Konjunktion von Sonne und Mars in der Jungfrau im 5. Haus, dem Haus des Ego.

Antonie stammt aus einer Familie mit seit Generationen starken Frauen, deren Leistung jedoch nicht anerkannt wird, stattdessen werden die Söhne geschätzt. Als junge Frau hat sie unter diesen Verhältnissen gelitten und sie als Zurückweisung ihrer Person empfunden.

Heutzutage dürfen Frauen ihre Stärke öffentlich ausleben, teilweise sind starke Frauen als „Quotenfrauen" sogar gesucht. Antonie hat also gute Chancen, die Geschichte der Frauen in ihrer Familie ins Gute zu kehren.

Prominentengeschichte zum 12. Haus: Whoopi Goldberg

Die farbige Komödiantin, Sängerin und Schauspielerin Whoopi Goldberg wurde unter dem Namen Caryn Johnson am 13.11.1955 in New York geboren. Von frühester Kindheit an interessierte sie sich fürs Theater und ab dem 8. Lebensjahr stand sie – zunächst im Kindertheater – selbst am Broadway auf der Bühne.

In ärmlichen Verhältnissen mit einer alleinerziehenden Mutter aufwachsend wurde sie von klein auf mit gängigen gesellschaftlichen Klischees konfrontiert. So kam es zu der Anekdote, dass sie beim Ansehen der ersten Star Trek-Serie plötzlich ausrief: „Mammi, da ist eine schwarze Dame im Fernsehen und sie ist kein Dienstmädchen!" Die „schwarze Dame" war die Schauspielerin Nichelle Nichols in ihrer Rolle als Leutnant Uhura. Nichols wurde von da an ihr großes Vorbild. Aber bis dahin war es noch weit.

Mit 14 Jahren verläßt sie die Schule, um nur noch Theater zu spielen, aber sie muss ihr Alter fälschen, um nur in die Chorformationen der Broadwayshows „Hair", „Jesus Christ Superstar" und „Pippin" hineinzukommen. Eine schauspielerische Karriere scheint blockiert. So erliegt sie den Versuchungen ihrer Umgebung, wird drogensüchtig und landet in einer Entzugsklinik. Dort lernt sie einen jungen Mann kennen, den sie nach ihrer Entlassung mit 18 Jahren heiratet. Sie bekommt eine Tochter, gibt aber das Familienleben nach kurzer Zeit wieder auf. Sie geht nach Kalifornien und spielt Theater - oft genug ohne Gage mit einem Aushilfsjob tagsüber.

In dieser Zeit ändert sie ihren Namen und wird zu Whoopi Goldberg. Untersucht man die astrologische Bedeutung[1] des „Vornamens" Whoopi, so kommt man auf Jupiter/Schütze; die Wahl des Namens drückt also deutlich ihren unbeugsamen Willen aus, ihre Persönlichkeit zu erweitern und die selbstgestellten Ziele zu erreichen. Dies ist ihr am Ende geglückt – sie hat einen Stern auf dem Hollywood Walk of Fame und gehört zu der kleinen Zahl von Unterhaltungskünstlern, die den Oscar, den Emmy, den Grammy und den Tony Award gewonnen haben. Im Alter von 31 Jahren wurde auch ihr Kindertraum Wirklichkeit: Als Guinan, einer Außerirdischen in als afrikanisch empfundener Kleidung, wird sie Teil des Star Trek Teams und spielt sowohl in der Serie als auch in den Filmen mit.

---

[1] s. Hannelore Goos, Astrologisches Vornamenbuch, Norderstedt 2010

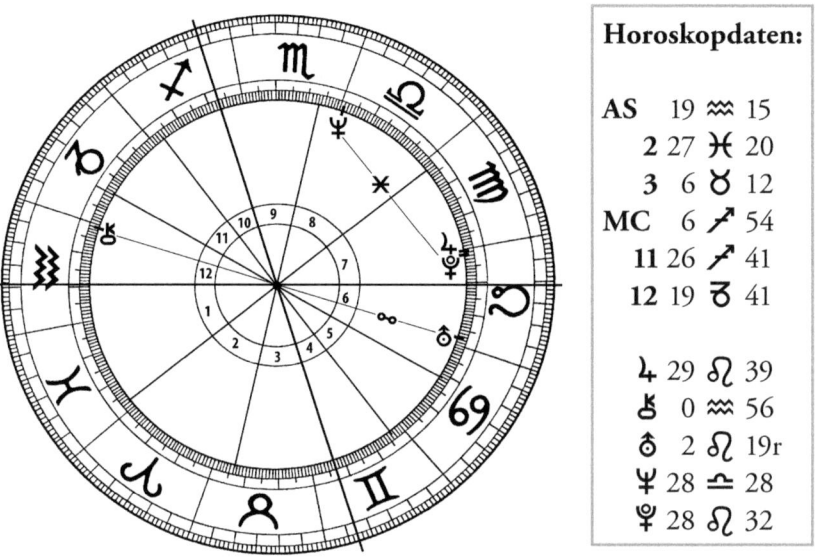

Horoskopdaten:

AS   19 ♒ 15

  2 27 ♓ 20

  3   6 ♉ 12

MC   6 ♐ 54

11 26 ♐ 41

12 19 ♑ 41

♃ 29 ♌ 39

♀ 0 ♒ 56

☿ 2 ♌ 19r

♆ 28 ♎ 28

♇ 28 ♌ 32

In Whoopi Goldbergs Horoskop steht Chiron im 12. Haus im Zeichen Wassermann. Dies ist das Zeichen für Originalität und Idealismus. Seine Symbolik beinhaltet die Auflösung scheinbarer Widersprüche und das Wirken humanitärer Organisationen. Wassermann ist sowohl Signifikator für die Rassentrennung als auch für ihre Überwindung.

Chiron bildet in Whoopis Geburtshoroskop eine Opposition zu Uranus. Dies zeigt nicht nur an, dass in ihrem Leben Zurückweisung und deren Auflösung z. B. durch eine öffentlich Ehrung in Sprüngen stattfindet. Uranus deutet auch darauf hin, dass sie sich aktiv politisch in dem Bereich engagiert, in dem sie selbst zurückgesetzt wurde, was sich u.a. in ihrer Freundschaft mit Martin Luther King realisiert.

Neptunische Inhalte scheinen in Whoopis Entwicklung eine wichtige Rolle zu spielen, was sich auch durch ihre mehrfachen Rückfälle in Drogenabhängigkeit zeigt. Aber das Sextil zu der Jupiter-Pluto-Konjunktion signalisiert, dass es immer wieder Begegnungen mit tiefgründigen Partnern waren, die ihr die Möglichkeit gaben, ihre Träume in Bezug auf die eigene Karriere positiv zu verwirklichen. Whoopi Goldberg ist das Beispiel einer farbigen Schauspielerin, die bewusst aus den Beschränkungen ausgebrochen ist, die die Hautfarbe jahrhundertelang in Amerika bedeutete.

Methoden der Anonymisierung

Viele Menschen haben mir ihre „Chiron-Geschichte" nur überlassen, nachdem ich ihnen völlige Anonymität zugesichert hatte. Um dieses Versprechen zu halten, habe ich verschiedene Methoden angewendet:

- ∽ Alle Namen wurden geändert. Als Ersatz wurden Namen gewählt, die nach dem „Astrologischen Vornamenbuch" die gleiche astrologische Zuordnung hatten.

- ∽ Bei allen Horoskopen wurden nur die für diese Erörterung notwendigen Konstellationen abgebildet.
  Die Reduzierung allein auf die jeweilige Chiron-Konstellation diente allerdings auch der Konzentration und Fokussierung, deshalb wurden auch die Prominenten-Horoskope so behandelt.

- ∽ Wenn die Gefahr des Wiedererkennens trotzdem noch groß war und der Inhalt der Geschichte es erlaubte, wurde auch teilweise das Geschlecht der Person verändert, das heißt, eine Frau als Mann dargestellt oder umgekehrt.

Diejenigen, deren Geschichten hier abgedruckt sind, sollten sich erkennen können, für andere Leser werden sie durch diese Vorgehensweise hoffentlich unkenntlich bleiben.

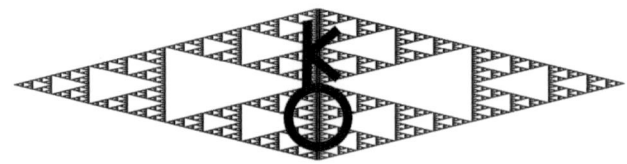

Methodenkritik

Zum Abschluss der hier dargestellten Untersuchung über die Bedeutung von Chiron in den Häusern des Horoskops noch einige kritische Bemerkungen. Die Methode, astrologische Bedeutungen über persönliche Geschichten zu erschließen, ist durchaus ambivalent zu sehen.

Einerseits beinhaltet sie eine große Authentizität. Kein Mensch wird als statistische Zahl von seinem Horoskop getrennt. Andererseits werden jedoch eine Reihe von subjektiven Momenten erfasst, die ein abschließendes Urteil über die Validität der aufgestellten Hypothese schwierig machen. Diese Probleme sollen hier angesprochen werden.

Obwohl über die Jahre mehrere Ordner mit „Chirongeschichten" zusammengekommen waren, konnte nur ein repräsentativer Teil veröffentlicht werden. Das lag teilweise an ihrer Unvollständigkeit:

- Bedingt durch das Medium „Computer" hatten viele junge Menschen eine passende Geschichte eingeschickt – aber nur die der für sie als traumatisch empfundenen Zurückweisung. Der charismatische Teil fehlte, denn dieser sollte sich ja erst im Lauf ihres Lebens entwickeln.
- Bei Prominenten (wie Rudi Carell, Fridjof Nansen, u.a.) war aus ihrem Wirken und ihrem Horoskop deutlich zu erkennen, in welchem Bereich zu suchen gewesen wäre – aber entsprechende biografische Angaben fehlten, sogar Indizien, aus denen man solche Erlebnisse hätte schließen können.

Aber auch die vollständigen Geschichten selbst waren nicht immer so prägnant, wie die am Ende Ausgewählten. Jedem, der sich ein wenig mit Psychologie befasst hat, dürfte klar sein, warum dies so sein musste.

Zum einen macht sich immer dann, wenn es um schmerzliche Erlebnisse geht, der Mechanismus der Verdrängung breit. Gerade besonders traumatische Erlebnisse werden häufig besonders gut verdrängt. Die vorgegebenen Texte konnten hier helfen. Aber es bestand auch die Gefahr, dass sie suggestiv wirkten und falsche Erinnerungen hervorlockten. Deshalb waren sie so allgemein wie möglich formuliert. Wie mühsam und gleichzeitig heilsam die Erinnerung sein kann, wurde an einigen Beispielen deutlich.

Zum anderen ist die Bewertung der Geschichten als wichtig oder unwichtig ein Problem. Wenn nicht verdrängt, so werden doch Erlebnissen in der Kindheit rückwärtsblickend andere Bedeutungen beigemessen, als sie ursprünglich hatten. Ein kleines Kind mag einen Umzug als bedrohliche Zerstörung seiner liebgewordenen Umgebung empfinden – für den Erwachsenen kann es in der Rückschau ein Wechsel in bessere Verhältnisse sein. So gibt es sicher auch den Fall, dass ursprünglich schmerzhafte Zurückweisungen aus dem Blickwinkel des späteren Erwachsenen zu wertvollen und notwendigen Erfahrungen wurden.

Ein Gutes hatte die hier verwendete Untersuchungsmethode: Die Ergebnisse wurden vollständig von den Untersuchten bestimmt.

So war am Anfang nicht klar, welche Art der Zurückweisung das 6. Haus repräsentierte, da gab es nur die Altersangabe. So, wie die Geschichten eingingen, kristallisierten sich die hier dargestellten Inhalte heraus und erwiesen sich in der Folgezeit aufgrund neuer Geschichten als brauchbar.

Auch das 12. Haus blieb zunächst rätselhaft, bis eine beiläufige Bemerkung des verstorbenen Astrologen M. M. Herm über das Erbe der Vorväter, das im 12. Haus angezeigt werden kann, den entscheidenden Hinweis lieferte.

Erzählte Geschichten scheinen äußerlich unschärfer zu sein, als statistische Zahlen. Tatsächlich sind sie genauer, denn sie geben auch die Gefühlswelt wieder, die mit dem Berichteten verknüpft ist. Unter Einbeziehung dieser Überlegung kann man die hier vorgelegte „Geschichtensammlung" als Puzzle sehen, das am Ende das Muster ergibt, mit dem sich Chiron im Horoskop deuten lässt.

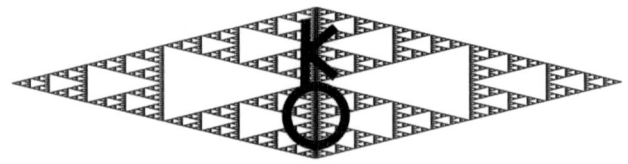

Verzeichnis verwendeter Literatur

Bühler, Charlotte, Psychologie im Leben unserer Zeit, München 1962

Crimaldi, Paolo, Chiron der innere Lehrer, Tübingen 2000

Goos, Hannelore, Astrologisches Vornamenbuch, Norderstedt 2010

Hand Clow, Barbara, Chiron, St. Paul MN, USA 1987

Hunger, Herbert, Lexikon der griechischen und römischen Mythologie, Wien 1953

Hürlimann, Gertrud I., Astrologie, Zürich 1987

Joswig, Helga, Phasen und Stufen der kindlichen Entwicklung, Staatsinstitut für Frühpädagogik, München 2006

Kavsek, Michael, Propädeutikum Entwicklungspsychologie, Fachbereich Psychologie der Universität Bonn, 2004

Kerényi, Karl, Auf den Spuren des Mythos, München 1978

Kerényi, Karl, Die Mythologie der Griechen, Band I, München 1966

Knob, Thomas, Phasen der psychischen Entwicklung, ORF-Lehrgang „Erziehen - Lernen -Lehren", 2004

Lücke, Hans-K. und Susanne. Helden und Gottheiten der Antike, Reinbek bei Hamburg 2002

Ranke-Graves, Robert von, Griechische Mythologie, Hamburg 1955

Reinhart, Melanie, Chiron, Wettswil 1993

Roscher, Michael, Das Buch der Horoskope, München 1990

Rose, Herbert J., Griechische Mythologie, München 1969

Sasportas, Howard, Astrologische Häuser und Aszendenten, München 1987

Stein, Zane B., Chiron, Dusslingen 1985

Stein, Zane B., Wendepunkt Chiron, Mössingen 1989

Vormweg, Heinrich, Heinrich Böll, Köln 2000

Walter, Hans-Jörg, Der Planet Chiron, Dusslingen 1984

Walter, Hans-Jörg, Entschlüsselte Aspektfiguren, Freiburg, 1981

Internet-Quellen

http://nssdc.gsfc.nasa.gov/planetary/factsheet/chironfact.html
http://www.kentauren-info
http://www.cfa.harvard.edu/iau/lists/Centaurs.html
http://www.teachsam.de/deutsch/d_literatur/d_aut/kaf/kaf_brie1.htm
http://www.welt.de/regionales/hamburg/article1814221
    /Als_Halbjude_bei_der_Hitlerjugend.html
http://www.achievement.org/autodoc/page/gol0bio-1
http://www.encyclopedia.com/doc/1G2-3404703398.html?
http://www.casareal.es/sm_rey/index-iden-idweb.html
http://www.heinrich-boell.de/HeinrichBoellUebermich.htm
http://www.cher-fanseite.de/home/?page_id=879LaPiere
http://www.moviesection.de/schauspieler/762-Mia_Farrow
http://www.un.org/advocates/2000/bios.htm
http://archives.arte.tv/cinema/fassbinder/dtext/portrait.htm
https://www.berlinonline.de/berliner-zeitung/archiv/.bin
    /dump.fcgi/2002/0608/magazin/0003/index.html
http://www.a-e-m-gmbh.com/andremuller
    /interview mit liselotte eder.html
http://members.chello.at/thomas.knob/PSYSTOFF2.htm
http://www.wikipedia.org
http://www.astro.com
http://www.astroschmid.ch
http://www.astrosuche.net/
http://www.winhoros.de/htmldocs/docs/figur_list.htm

Bildnachweise

S. 4 Scuola del „Pittore di Athena": Lekythos a sfondo bianco con il centauro Chirone, ca. 500 a.C. Museo archeologico regionale di Palermo
http://de.wikipedia.org/wiki/Datei: Chiron_kentaur.JPG
S. 6 Tagesbild des 3D-OrbitViewer auf http://www.kentauren.info
S.13 Ovid. Met. VI, 126 (Johann Ulrich Krauss, Edition 1690)

S. 14 Affresco: Il centauro Chirone insegna al giovane Achille a suonare l'arpa, cm 127 x 125, Archäologisches Nationalmuseum, Neapel, Italien
S. 15 Atlas Coelestis. Johannes Hevelius drew the constellation in Uranographia, his celestial catalogue in 1690. Author Johannes Hevelius
S. 22 Lina Morgenstern, Das Paradies der Kindheit, Einband der fünften Auflage 1889
S.23 Blogspot „Nothing-is-like-it seems" Bildtitel *Helden der Kindheit.* von Lele

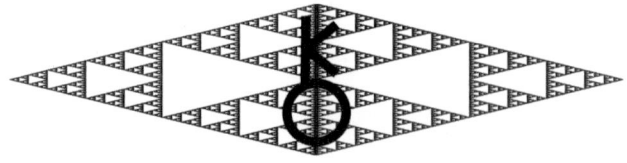

Die Autorin unterhält eine kleine astrologische Webseite unter
http://www.sonnenastro.de.
Dort sind regelmäßig Informationen über weitere Veröffentlichungen zu finden. Hannelore Goos selbst kann unter der Adresse
HGoos@Sonnenastro.de
per E-Mail angeschrieben werden. Astrologische Beratung wird allerdings nicht angeboten.

Signierte Exemplare der Bücher von Hannelore Goos und GardenStone können über den Webshop
http://www.hg-shop.eu
bezogen werden.

Wer weitergehende esoterische Informationen sucht, sei verwiesen auf »Boudicca's Bard«. Dieser Webserver mit der URL
http://www.boudicca.de
gehört dem gleichfalls als Autor tätigen GardenStone.
Er bietet umfangreiche Informationen über Magie, Heidentum, Astrologie, Tarot, Kabbala, germanische und keltische Mythologie, Tao, I Ging und viele andere Gebiete aus dem Bereich der Esoterik. GardenStone schrieb u.a. »Germanische Magie«, »Göttin Holle« und »Germanischer Götterglaube«.

Weitere Werke der Autorin

Hannelore Goos

Komplett überarbeitet   mit vielen Ergänzungen

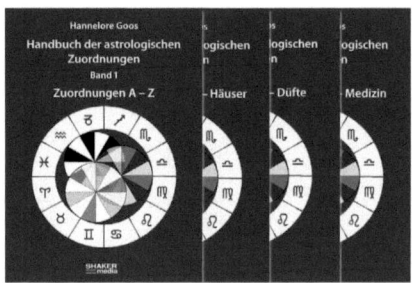

Handbuch der astrologischen Zuordnungen

Band 1	Band 3
Zuordnungen A - Z	Pflanzen, Steine, Düfte
250 Seiten, broschiert	310 Seiten, broschiert
ISBN: 978-3-86858-451-6	ISBN: 978-3-86858-425-7
Preis: Euro 20,--	Preis: Euro 25,--
Band 2	**Band 4**
Planeten, Zeichen, Häuser	Berufe, Geografie, Medizin
422 Seiten, broschiert	282 Seiten, broschiert
ISBN: 978-3-86858-448-6	ISBN: 978-3-86858-344-1
Preis: Euro 30,--	Preis: Euro 25,--

Dies ist das Wörterbuch der Astrologie. Wenn man eine Sprache lernen will, muss man Vokabeln lernen. Wenn man Astrologie lernen will, muss man Zuordnungen lernen. Und ebenso, wie man auch als guter Sprachkenner immer wieder ein Wörterbuch zur Hand nimmt, so dient dieses Handbuch dem Nachschlagen bisher noch nicht bekannter astrologischer Bedeutungen.

Erhältlich in allen Buchhandlungen, signierte Exemplare unter http://www.hg-shop.eu

Gelebte Tierkreiszeichen

Anleitung zu einem erfolgreichen langen Leben

In diesem Buch wird nach Auswertung von mehr als 50 000 Lebensdaten untersucht, welchen Zusammenhang es zwischen der Sonnenposition in den Tierkreiszeichen und der Lebenslänge gibt.

188 S., Broschur
ISBN 978-3-8370-5141-4
€ 16,50

(2. überarbeitete Auflage von „Die Lebenszeit der Sternzeichen")

Astrologisches Vornamenbuch

In diesem Buch sind mehr als zehntausend Vornamen mit ihrer astrologischen Signatur aufgelistet. Damit wird ein wichtiger Beitrag zur Astrologie als traditionellem System der Erkenntnis und Selbsterkenntnis geleistet. Die Symbolik der astrologischen Zeichen drückt sich aus als Chancen und Gefahren, als positive und negative Ausdrucksmöglichkeiten. Damit bietet sie einen Ansatz zu den uralten Fragen: „Wer bin ich?" - „ Wer möchte ich sein?" - „Wer kann ich sein?"

Auch astrologische Laien können sich mit Hilfe dieses Buches auf den Weg machen, etwas über die Möglichkeiten zu erfahren, die sich im eigenen Vornamen verbergen. Eine Stichwortliste gibt dafür erste Einstiegsmöglichkeiten.

(Einzeldruck von Band 5 des „Handbuchs der astrologischen Zuordnungen")

174 Seiten, Broschur
ISBN 978-3-8423-3530-1
€ 15,00

Für nicht enthaltene Vornamen gibt es auf der Website der Autorin http://www.sonnenastro.de einen Berechnungsservice.